本书得到河南省社科规划年度项目（2018CJJ072、2018CJJ095）、河南省软科学研究计划项目（202400410340）、国家自然科学基金项目（71603243）的资助

巨灾风险的宏观经济动态效应及防范机制研究

晁江锋　武晓利　著

中国财经出版传媒集团
中国财政经济出版社

图书在版编目（CIP）数据

巨灾风险的宏观经济动态效应及防范机制研究 / 晁江锋，武晓利著. --北京：中国财政经济出版社，2020. 12

ISBN 978 -7 -5223 -0207 -2

Ⅰ. ①巨… Ⅱ. ①晁…②武… Ⅲ. ①中国经济 - 宏观经济 - 经济动态 - 研究 Ⅳ. ①F123. 16

中国版本图书馆 CIP 数据核字（2020）第 251365 号

责任编辑：刘五书　　责任校对：徐艳丽
封面设计：孙俪铭　　责任印制：张　健

中国财政经济出版社 出版
URL：http：//www. cfeph. cn
E - mail：cfeph@ cfemg. cn

社址：北京市海淀区阜成路甲 28 号　邮政编码：100142
营销中心电话：010 - 88191522
天猫网店：中国财政经济出版社旗舰店
网址：https：//zgczjjcbs. tmall. com
北京财经印刷厂印刷　各地新华书店经销
成品尺寸：170mm×230mm　16 开　12. 25 印张　200 000 字
2020 年 12 月第 1 版　2020 年 12 月北京第 1 次印刷
定价：46. 00 元
ISBN 978 -7 -5223 -0207 -2
（图书出现印装问题，本社负责调换，电话：010 - 88190548）
本社质量投诉电话：010 - 88190744
打击盗版举报热线：010 - 88191661　QQ：2242791300

前　言

21 世纪以来，“非典”疫情、次贷危机及新冠肺炎疫情等巨灾事件的出现，使巨灾风险的宏观经济影响问题得到全社会的广泛关注。与此同时，随着我国经济转型的持续升级以及全球经济一体化的逐渐深入，巨灾风险在国与国之间的传播也更加频繁。如何对巨灾事件做好事前预测、事中控制以及事后补救，成为政府部门进行相关政策制定的关键。众所周知，巨灾事件具有突发性强、破坏力大以及波及范围广等特征，然而，由于该类事件难以进行提前预测，其对宏观经济往往带来不可估量的损失，因此，如何制定行之有效的财政货币政策，缓解巨灾事件对我国宏观经济的冲击，调节巨灾风险与我国经济稳定增长之间的矛盾，将是灾后重建阶段需要关注的重要课题。

基于此，本书尝试从巨灾风险的视角出发，通过引入价格黏性、税收政策等相关要素，在充分描述我国经济特征的背景下，研究巨灾风险的经济效应及防范机制，同时，通过引入特定的巨灾事件（如金融危机、国际原油价格暴跌等），进一步指导与验证理论模型的科学性与前瞻性，为后续的相关研究提供参考。

本书共分为 7 章，每章的主要研究内容包括：

第 1 章为绪论，对本书的研究背景和研究意义进行简要阐述，并对本书的研究思路、研究框架以及所采用的研究方法进行概括和梳理。

第 2 章构建包含巨灾风险因素的新凯恩斯 DSGE 模型，考察包含商品价格黏性情形下货币政策在灾难经济体中的作用机制与动态影响。

第 3 章基于 2014—2016 年国际原油价格的暴涨暴跌现象，构建一个包含石油价格因素的动态随机一般均衡（DSGE）模型，通过将石油消费分别引入家庭部门与厂商部门，研究石油价格、消费偏好及生产技术等外生变量对我国宏观经济及石油类消费品的动态影响，并对其传导机制进行探讨。

第 4 章通过构建包含税收政策因素的 DSGE 模型，考察不同类型税收政策机制下巨灾风险对宏观经济的动态影响。同时，对不同类型税收政策进行随机组合，数值模拟不同组合形式的税收政策在巨灾经济体中的作用机制及动态影响，并从税收政策制定方面提出相应的政策建议。

第 5 章从农户行为的角度出发，通过构建包含巨灾风险因素的 DSGE 模型，数值模拟自然灾害与金融风险两类不同巨灾风险形式对我国农户行为方式的动态影响，并进一步引入惠农补贴与农业补贴等政策因素，综合考察财政政策在巨灾情境下对企业及农户行为的作用机制。

第 6 章采用灰色关联分析方法，定量分析了次贷危机前后我国产业结构变动与经济增长之间的相关关系，进而研究巨灾风险对我国产业结构变动的影响以及不同行业部门在危机时期的演变特征。

第 7 章基于连续时间下两资产卢卡斯资产定价模型，通过引入习惯形成与灾难风险因素，模型求解采用累积生成函数的表达形式，推导出一类更为一般的资产定价模型，从理论层面验证巨灾风险因素在资产定价领域的作用。

第 7 章对本书的研究结论进行归纳总结，并提出相应的政策建议，同时对未来的研究方向作进一步展望。

本书的主要研究结论包括：

第一，考察不同类型宏观经济政策在巨灾经济体中的动态影响。研究发现：巨灾事件在不同政策机制下对各经济变量的冲击效应存在较大差异。货币政策在提升宏观经济的整体防御能力方面显著优于财政政策与无政策因素两种情形，特别是在稳定就业水平方面更为有效；同时，货币政策机制能够显著缩短产出、消费及投资的复苏时间，而财政政策机制与无政策因素两种情形在该方面的作用效果不显著。

第二，考察价格黏性因素在巨灾经济体中的动态影响。研究发现：

该因素短期内能够有效缓解巨灾事件对产出、消费及就业的冲击，同时一定程度上降低了巨灾情境下社会的总体利率水平，而对企业投资的作用效果并不明显；从中长期来看，价格黏性因素对宏观经济复苏周期的影响不显著，且在一定程度上抑制了企业的投资扩张。巨灾损失比例变动对产出、消费等多数经济变量具有明显影响，而对通货膨胀的作用不显著。较强的价格黏性能够有效促进企业对生产技术的充分运用，并显著降低社会通胀水平；该因素提升了生产技术在企业发展中的持续时间；适度的价格黏性使得货币政策能够有效刺激企业的投资及产出规模，提升了货币政策在宏观经济中的持续时间，但对居民消费具有一定的抑制作用。

第三，考察国际石油价格暴涨暴跌等巨灾事件对宏观经济的动态影响。研究发现：国际原油价格的大幅震荡对企业生产、资本存量及投资水平影响显著，而其小幅波动对企业生产经营活动影响甚微；从家庭消费的视角来看，油价暴涨暴跌对家庭石油消费与非石油消费的影响均非常显著，而其小幅波动对家庭石油消费存在一定影响，对家庭非石油消费影响不显著。全要素生产率提升对企业产出、资本存量及企业投资具有持续的正效应，且能够同时刺激家庭石油消费和非石油消费。

第四，考察不同税收政策机制背景下巨灾风险对宏观经济的动态影响。研究发现：从单一税收政策的情形来看，仅包含企业所得税的税收政策情形对巨灾冲击的抑制作用明显优于消费所得税和劳动所得税，且三类税收政策在巨灾经济体中的表现均优于无政府税收的情形；从税收组合的情形来看，包含企业所得税在内的税收组合对巨灾冲击的缓冲作用优于不包含企业所得税的情形；企业所得税在巨灾经济体中的敏感性强于其他税种，其正向波动不利于政府部门对巨灾事件负面影响的控制，而消费所得税的作用机制恰恰相反，其正向冲击将有利于缓解巨灾事件对宏观经济的影响，劳动所得税和资本利得税的正向冲击对巨灾经济体也构成一定的负面作用，但其影响程度弱于企业所得税。

第五，考察不同政策机制背景下巨灾风险对企业及农户行为的动态影响。研究发现：家庭及企业部门技术改善均能够有效抵御巨灾风险对两部门产出的冲击，前者提升了农户的务农及务工时间，而后者的影响恰好相反；巨灾风险加剧了农产品价格冲击对农户行为的影响，即进一步延长务农时间的同时缩减了务工时间；惠农补贴政策对企业产出的影响表现为“钟型”特征，对农户产出具有正效应，且延长了农户务农时间，巨灾风险因素强化了这一影响；农业补贴政策对各经济主体作用相似，差异在于巨灾风险对该政策的强化作用不显著；单一财政政策在农户产出与务农劳动方面对金融风险冲击的缓冲作用较自然灾害更加显著，且对两者均表现出显著的持续性，而对农户务工劳动的影响相反；两类补贴政策同时实施加剧了巨灾冲击对企业产出的负效应，而在一定程度上提升了农户务工时间，对农户务农劳动的作用不显著。

最后，采用灰色关联分析方法，定量分析次贷危机前后我国产业结构变动与经济增长之间的相关关系，进而研究巨灾风险对我国产业结构变动的影响以及不同行业部门在危机时期的演变特征。研究发现：次贷危机时期，以工业、金融业为代表的国家主导产业对巨灾风险具有较强的抵御作用，而公共交通、餐饮业等公共服务业受到巨灾风险的冲击最为明显，批发零售及其他行业与经济增长之间的关系在次贷危机前后表现不明显；资本市场上，巨灾风险的快速传导更多地体现在金融和房地产等行业，而其他行业（如农林牧渔、建筑等）股票在资本市场中的表现相对抗跌；从行业间的风险传导路径来看，巨灾风险提升了多数行业之间关联度的一致性（如农林牧渔、工业与多数行业之间），仅有部分行业在巨灾风险冲击时表现出逆向特征（如金融业与交运、仓储和邮政业等）。

作者

2020 年 11 月 2 日

目　录

第 1 章 绪 论

1.1 选题背景与研究意义

纵观全球经济发展史，巨灾事件的出现往往会导致宏观经济的大幅波动，进而影响国民收入的增长、居民的就业与消费以及企业的扩大再生产。因此，做好巨灾事件的事前预测、事中控制以及事后补救，将有助于最大限度地降低巨灾事件发生的概率，削弱巨灾事件冲击宏观经济的程度，保持经济发展的韧性，快速恢复宏观经济的活力。下面，我们以改革开放以来发生的典型事件为例，简要阐述改革开放以来的一系列巨灾事件对我国宏观经济的影响。

1997 年 7 月 2 日，东南亚地区外汇市场发生严重的货币危机，泰国、印度尼西亚等多个国家的货币出现大幅贬值，并进一步波及日本、韩国以及我国的香港、台湾等地区。这次危机导致东南亚部分国家经济遭受较大打击，泰国、韩国、马来西亚等国的经济损失达6000亿美元，人均收入快速下降至10余年前水平，如泰国GDP增长率急剧下降，由1996年的约7%降至1997年的2%左右，中国香港也受到波及，香港人均GDP也由1997年的27055美元持续下跌至2003年的23428美元，直到2006年才基本恢复至1997年水平①等。

2002年11月至2003年6月，“非典”疫情的出现对我国宏观经济也构成一定冲击。该事件对我国部分第三产业的影响较为明显，如旅游、酒店、公共服务、批发零售、交通运输、餐饮业等行业的在此期间受到较大冲击，甚至部分行业出现停滞，该疫情导致我国当年第二季度GDP增速明显下降，全年经济损失达到0.8个百分点，直接损失达2100亿元左右②。具体来讲，根据国务院发展研究中心产业经济研究部开发的中国产业发展增长景气指数显示，“非典”疫情对我国服务业特别是旅游业的冲击最为明显，在2003年4月至5月期间，旅游业呈现出负增长态势，同时餐饮业与交通运输业也分别下滑17个百分点和5个百分点，而以汽车、机械为代表的工业受到的冲击较小，其在2003年上半年仍保持较高的增长态势，而医药行业和生物生化制造业的景气指数在4月份出现显著提升。总体而言，该事件对我国经济的负面影响更多地体现在旅游业、餐饮酒店以及交通运输业等方面，而对我国经济总量占比较高的工业领域影响较小。

2007年，美国爆发的次贷危机事件导致大量金融企业破产，全球资本市场大幅动荡，世界经济受到严重冲击。该

---

① 数据统计结果来自于维基百科（Wikipedia）。

② 数据来自于国家统计局副局长邱晓华在2003年10月18日新闻发布会上的讲话。

事件导致欧元区当年度第二、第三季度经济增速从第一季度的3.4%降至2.5%，日本经济增速也由第一季度的2.8%降至1.9%。我国经济也受到一定波及，这主要体现在以下几个方面：一是我国工业增加值增速由2008年6月的16%快速下降至12月的5.7%，出口额同比增速由2008年6月的17.2%降至12月的-2.8%，GDP增速也由2008年第二季度末的10.4%降至年末的9%；二是我国出口规模出现急剧下降，月度出口增长率由2007年2月的51.6%下降至12月的21.7%①，据海关数据统计，2008年的前三季度的出口总值10740亿美元，同比增长22.3%，扣除通货膨胀因素后的实际增长率为11.8%，较上年同期下降8.1%，2008年10月份的出口增速进一步放缓，仅为19.2%，下半年首次回落至20%以内；三是我国资本市场也出现显著波动，上证A股指数从2007年10月16日的6124点持续下跌至2008年10月28日的1664点，上市公司的股价暴跌，严重影响了股票市场的直接融资功能，并且该事件也对我国银行业构成显著负面影响，从年报数据可以看出，2007年中国工商银行持有美国次级贷款支持债券面值达12.26亿美元，当年度浮亏3.57亿美元，并计提减值准备4亿美元，中国银行与中国建设银行针对美国次级贷款支持债券当年度计提的减值准备也分别达到约13亿美元和6.3亿美元；四是该事件导致美元大幅贬值，进而使得我国的外汇储备快速缩水。据统计，2008年9月我国外汇储备已达1.9万亿美元，其中60%为以美元计价的资产，在此期间，美元对人民币汇率由2007年初的7.8∶1持续下降至2008年7月的6.8∶1，币值下降幅度达14%左右，据此计算可得，美元贬值导致我国外汇储备的损失将达到1700亿美元左右；总而言之，次

① 数据来自于国家统计局。

贷危机对我国宏观经济的影响存在诸多方面，其对全球经济的影响也存在显著的持续性。

2008 年 5 月，汶川地震对我国四川地区的经济构成较大影响。据摩根大通在 2008 年 5 月 26 日的研究报告估算，该事件将带来的直接经济损失约 2000 亿元，地震结束后官方公布的经济损失估计值达到 8451 亿元①。由于汶川地震并未发生在沿海地区及成都市主城区，故该事件对我国宏观经济的整体影响不大，但对四川当地的旅游业及房地产业的负面效应仍十分严重，据《中国旅游统计年鉴》的统计数据显示，2007 年四川省旅游总收入为 1217.31 亿元，然而，2008 年上半年该省旅游收入仅 469.1 亿元，较上年同期下降 19.5%，这也反映出汶川大地震对四川省旅游业构成严重损害；同时，该事件对当地房地产业的负面影响也具有较强的持续性，这一方面体现在汶川大地震导致数以万计的房屋倒塌损毁，受灾地区的住房市场遭受毁灭性打击；另一方面，地震后当地居民对住房的理念发生显著改变，其对房屋的投资需求明显下降，而更多关注于房屋的抗震能力及安全性，这也在一定程度上提高了住房的建造成本，并降低了对房屋的需求总量，这一现象在未来较长时期内难以发生较大改变。

2019 年 12 月以来的新冠肺炎疫情事件对全球经济造成巨大的负面冲击。据报道，国际货币基金组织（IMF）将 2020 年度全球 GDP 增速的预测值从最初的 3.3% 降至 -3%，下调 6.3 个百分点，世界银行也将东亚—太平洋地区 2020 年度的 GDP 增速预测值从 2019 年的 5.8% 下调至 2.1%，该数据为 20 世纪 30 年代“大萧条”以来的最严重

① 数据来自于国家汶川地震专家委员会副主任史培军在 2008 年 9 月 4 日新闻发布会上的讲话。

经济衰退。同时，我国宏观经济也受到较大冲击，其中仓储运输、批发零售以及旅游业等第三产业首当其冲，进而由于返工延迟等因素间接波及至产业链供给端，进一步导致制造业、房地产等行业的停滞，由国家统计局数据可以看出，2020 年 2 月中国制造业采购经理指数（PMI 指数）仅为 35.7%，较 1 月下降 14.3 个百分点，其中生产指数下降最为明显，2 月该指数为 27.8%，较 1 月大幅下降 23.5 个百分点，这反映出新冠肺炎疫情事件对我国制造业生产活动的负面影响非常显著。据商务部数据显示，2020 年第一季度我国社会消费品零售总额为 7.86 万亿元，同比下降 19.0%，消费需求的下降将导致大量企业产品的滞销，进而对全社会的居民就业与收入水平构成一定的负效应。总而言之，新冠肺炎疫情在全球范围内的蔓延充分体现出巨灾事件对宏观经济冲击的严重性与复杂性。

上述一系列巨灾事件对全球以及我国经济的影响严重阻碍了企业生产与居民消费行为的顺利开展，基于此，学术界也对巨灾事件的潜在经济影响进行了大量研究。从相关研究现状来看，国外对巨灾风险问题的研究可以追溯到 20 世纪 70 年代，Cochrane（1974）首先采用一般均衡方法对巨灾风险理论进行了初步探讨，并尝试运用数值模拟方法考察巨灾风险对宏观经济的动态影响。之后，Rietz（1988）与 Barro（2006）均基于巨灾风险的研究视角，通过统计 20 世纪 100 年间的全球的重大巨灾事件，并构建相应的理论分析模型，成功解释了美国资本市场出现的“股权溢价之谜”“无风险利率之谜”等金融难题。随着 2008 年次贷危机以及 2010 年欧债危机的出现，西方经济学界再次掀起了对巨灾风险理论研究的热潮。然而，国内在该方面的相关研究相对较少，仍局限于从单一自然灾害的角度，并基于传统的计量统计方法进行实证分析，较少考察更具有一般意义的巨灾事件对宏观经济和资本市场的影响。基于此，本书尝试将巨灾风险思想引入到我国宏观经济的研究中，并探讨灾难风险理论在我国宏观经济中的适用性，分析政府财政政策与货币政策等政策因素在防范巨灾事件方面的作用，最后提出相应的政策建议以供参考。

1.2 研究思路、框架及研究方法

1.2.1 研究思路与研究框架

本书基于传统巨灾风险理论的相关研究，尝试将财政政策与货币政策因素引入模型框架，分析商品价格波动、企业与家庭行为等相关变量在灾难经济体中的表现，并进一步探讨政策因素在巨灾事件的冲击过程中对各经济变量的动态影响。由于21世纪以来国外的相关研究主要是针对美国等发达国家，其经济特征与我国经济发展状况存在诸多差异，同时国内的相关研究也更倾向于从实证的角度进行分析，缺乏更为一般性的理论分析。基于此，本书尝试从动态随机一般均衡和CCAPM的角度出发，探讨巨灾风险理论在我国特有经济背景下的研究意义。

本书共分为7章，每章的主要内容包括：

第1章为绪论，对本书的研究背景与研究意义进行简要的阐述，并对本书的研究思路、框架及所采用的研究方法进行归纳梳理。

第 2 章通过构建包含巨灾风险因素的新凯恩斯动态随机一般均衡模型，并采用贝叶斯方法对参数进行估计，考察巨灾风险的宏观经济动态效应及传导机制，并进一步探讨包含商品价格黏性情形下货币政策在灾难经济体中的作用机制与动态影响。

第 3 章基于 2014 年以来石油价格的暴涨暴跌现象，构建一个包含石油价格因素的动态随机一般均衡模型，通过将石油消费细分为家庭石油消费与厂商石油消费，并分别引入家庭部门和厂商部门的最优规划中，研究石油价格、消费偏好及生产技术等外生变量对我国宏观经济以及家庭与厂商石油消费的动态影响，并对其传导机制进行探讨。

第 4 章通过构建包含税收政策因素的动态随机一般均衡模型，考察不同类型税收政策机制下巨灾风险对宏观经济的动态影响。同时，对不同类型税收政策进行随机组合，数值模拟不同组合税收政策在巨灾经济体中的作用机制及动态效应，并从税收政策制定方面提出相应的政策建议。

第 5 章从农户行为的角度出发，通过构建包含巨灾风险因素的动态随机一般均衡模型，数值模拟自然灾害与金融风险两类巨灾风险形式对我国农户行为方式的动态影响，并进一步引入惠农补贴与农业补贴等政策因素，综合考察财政政策在巨灾情境下对企业及农户行为的作用机制。

第 6 章采用灰色关联分析方法，定量分析 2008 年次贷危机前后巨灾事件与我国产业结构变动及经济增长之间的相关关系，进而研究巨灾风险对我国产业结构变动的影响以及不同行业部门在次贷危机时期的演变特征。

第 7 章基于连续时间下两资产卢卡斯资产定价模型，引入习惯形成与灾难风险因素，模型求解采用累积生成函数的表达形式，推导出一类更为一般的资产定价模型，并获得了一系列关于资产定价的一般性结论。

第 7 章对本书的研究结论进行归纳总结，并提出相应的政策建议。

1.2.2 研究方法

本书采用的研究方法包括以下几种：

第一种是动态随机一般均衡方法。本书通过构建包含灾难风险因素的动态随机一般均衡模型，将 1949 年以来我国所发生的巨灾事件进行统计分析，研究灾难风险因素的宏观经济动态效应，并在此基础上，引入财政政策与货币政策因素，分析商品价格波动、企业与家庭行为等相关变量在灾难经济体中的表现，并进一步探讨政策因素在巨灾事件的冲击过程中对各经济变量的动态影响。

第二种是对参数估计采用校准和贝叶斯估计（Bayes Estimation）方法。为了保证参数取值的时效性和精确性，提升数值模拟结果的可信度，本书基于我国的宏观经济数据，对静态参数采用校准的方法，同时对动态参数采用贝叶斯方法进行估计，使本书的相关研究逻辑更为严谨，实证结论更加可信。

第三种是统计分析法。通过对我国实际经济数据的搜集，并进行相应的处理和分析，采用灰色关联分析方法，定量分析次贷危机前后巨灾事件与我国产业结构变动及经济增长之间的相关关系，进而研究巨灾风险对我国产业结构变动的影响。

第四种是采用累积生成函数（CGF）的表示方法进行数值模拟。本书采用这种方法主要考虑两个方面：一是这种方法能够推导出一种更为简洁的包含灾难风险因素的资产定价模型，其结果更为直观；二是这种方法能够考察灾难风险因素在高阶矩环境下对资本市场的解释作用，进一步验证巨灾风险理论在我国宏观经济特征背景下的研究意义。

第 2 章

新凯恩斯经济视角下巨灾风险的宏观经济动态效应

随着我国经济日益全球化，且资本市场的开放力度持续加大，外围风险对我国宏观经济的冲击越来越频繁，政府投资、居民消费以及就业状况均受到显著的威胁。在此背景之下，我国政府在 2015 年、2017 年相继推出《中共中央国务院关于推进价格机制改革的若干意见》《关于全面深化价格机制改革的意见》，文件中指出，要推动价格改革向纵深发展，加快完善主要由市场决定价格机制，形成要素自由流动、价格反应灵活、竞争公平有序、企业优胜劣汰的市场价格环境。可以发现，加强价格机制调控已成为促进我国经济增长和应对国际系统性风险的重要方式。基于此，本章尝试将价格黏性因素引入灾难经济体中，通过分析巨灾冲击对我国宏观经济中的传导路径与动态影响，考察价格黏性机制在灾难经济体中的作用机制，进而寻求防范经济系统风险的途径与方法，为我国政府制定相关的政策措施提供参考。

2.1 引言

改革开放以来，我国严重自然灾害的发生较为频繁，而且随着经济金融全球化进程的不断深入，我国宏观经济更易受到来自国际层面的冲击，可以预期巨灾风险对中国经济的影响将不断上升。在此背景之下，我国政府采取积极的财政政策（结构性减税、4 万亿元投资等）与适度宽松的货币政策（扩大信贷投放、拓展融资渠道等）等措施，有效抑制了国际金融风险对我国宏观经济的冲击，实现了经济的平稳过渡。与此同时，我国政府在制定的《金融业发展和改革“十二五”规划》中指出，要健全货币政策操作体系。完善市场化的间接调控机制，逐步增强利率、汇率等价格杠杆的作用，推进货币政策从以数量型调控为主向以价格型调控为主转型。可以看出，货币政策改革已经成为我国应对国际风险的重要手段，那么，如何将灾难风险理论较好地引入对中国宏观经济的研究，并量化分析巨灾风险对我国经济波动的影响？如何评估货币政策转向在缓解巨灾事件冲击方面的绩效？本章将对这些问题进行尝试性的回答。

自 20 世纪 50 年代以来，国外关于巨灾事件对宏观经济影响的研究开始兴起，最初的研究对象主要是针对单一的、具体的自然巨灾事件与人为巨灾事件。20 世纪 70 年代之后，由于诸多宏观经济分析方法得到广泛应用，众多学者不再局限于实证计量分析，开始通过构建线性模型与一般均衡模型，采用数值模拟方法预测巨灾事件对整体宏观经济及区域经济的影响；随着 20 世纪 80 年代“比索问题”的出现，相关学者意识到灾难性预期（Catatrophe Expectation）因素（即巨灾风险）也可能对家庭投资及企业生产活动产生重要影响，同时开始深入考察该因素在解释宏观经济波动及资本市场异常现象中的作用。

2008 年全球金融危机之后，国外对灾难风险理论的研究达到高潮，并受到众多学者的广泛关注。国内对该理论的研究尚在起步阶段，且多局限于从实证计量角度分析某一巨灾事件对我国宏观经济或地区经济的影响，尚缺乏更具普遍意义的、系统性的关于灾难性预期因素对整体宏观经济影响的相关研究。基于此，本章从巨灾风险的角度出发，构建包含我国宏观经济特征的动态随机一般均衡（DSGE）模型，探讨巨灾事件对我国宏观经济的整体影响，同时考察价格黏性、货币政策机制在灾难经济体中的作用。

20 世纪 80 年代以来，基于动态随机一般均衡方法研究巨灾风险与宏观经济的关系，已成为国外学者的主流做法。代表性研究主要包含以下几点：一是采用一般均衡模型考察巨灾风险对区域经济及宏观经济的影响，如 Cochrane et al.（1984）通过取消生产系数为定值的约束，研究变动生产系数情况下巨灾风险对宏观经济的作用机制，并构建了更具普遍意义的一般均衡分析框架；Clark（1977）、Chang（1983）、West et al.（1994）分别通过构建多部门一般均衡模型，系统分析灾难性预期因素对区域经济以及国民经济的综合效应等。二是从巨灾风险的视角解释资本市场的典型事实，如 Chen et al.（2011）、Gabaix（2012）、Wachter（2013）分别假定巨灾事件发生概率满足不同类型的分布形式时，探讨巨灾风险因素对美国金融市场“股市波动率之谜”“股权溢价之谜”以及“无风险利率之谜”等诸多金融难题的解释作用等。三是将巨灾风险因素与动态随机一般均衡理论相结合，探讨巨灾风险在经济周期中的作用机制。这方面的研究在次贷危机之后达到高潮，代表性文献如 Gourio（2012）、Gourio et al.（2013）在 DSGE 框架下分别探究封闭经济体与开放经济体中巨灾风险因素对美国宏观经济波动的影响；Isoré & Szczerbowicz（2017）通过将巨灾风险因素引入 RBC 模型中，考察巨灾风险在是否存在价格黏性因素的两类经济体中的作用机制等。

然而，国内关于灾难风险理论的研究尚处于初级阶段，无论是理论模型的构建，还是实证计量方面，均与国外的相关研究存在一定的差距。其研究思路主要基于以下几点：一是采用实证计量方法研究巨灾事件对宏观经济的影响，如刘庆富等（2012）基于 MCMC 估计方法，实证分析政治事件、自然灾害及经济灾难对中国期货市场的影响，赵静梅等（2014）分别考察自然灾害与人为灾害对巨灾事件发生所在地上市企业的影响等。二是采用数值模拟方法进行研究，由于采用计量方法可以研究巨灾事件对宏观经济的影响，但难以获得巨灾事件对经济影响的动态特征，且不具有一般性规律，故数值模拟方法逐渐得到国内学者的广泛关注，如陈彦斌等（2009）基于 Bewley 模型模拟中国城镇居民的财产分布状况，陈国进等（2014）采用 DSGE 方法分析巨灾风险对中国宏观经济波动的解释能力；耿贵珍和王慧彦（2016）基于 POT－GPD 模型研究地震巨灾的损失分布特征；马宗刚等（2017）在双随机复合泊松损失条件下数值模拟巨灾风险如何影响巨灾债券的价格等。三是采用特殊案例分析巨灾事件对区域经济或国民经济的影响，如盖兆军（2015）对日本福岛核泄漏事件进行分析，并探讨事件发生前后能源战略的转变问题等。

关于价格黏性机制的相关研究在国内较为成熟，且研究视角非常丰富。代表性文献如王文甫（2010）通过引入流动性约束、价格黏性及投资调整成本等非完全竞争因素，构建了一个动态新凯恩斯主义模型，分析各种因素在解释我国财政政策经济效应方面的影响；王胜和彭鑫瑶（2010）通过构建开放经济背景下的货币政策模型，考察不对称价格黏性情形下的最优货币政策问题；肖明智和谢锐（2012）通过引入包含价格黏性因素的动态随机一般均衡模型，考察人民币渐进式升值与快速升值两种升值模式对我国宏观经济的动态影响，得出价格黏性作用下的人民币快速升值短期内对我国宏观经济的负面影响显著高于渐进式升值，而快速升值模式能够有效抑制通货膨胀，并促使我国国际贸易的再平衡，且长期内该模式对我国经济的负面影响小于渐进式升值；渠慎宁等（2012）基于我国消费品价格的波动特征，得出不同类型消费品的价格黏性存在较大差异，并进一步验证了我国消费品价格与状态相关的理论假说；侯成琪和龚六堂（2014）通过考察部门价格黏性的异质性，分析货币政策冲击对不同类型部门产出与通货膨胀的影响，并得出部门价格黏性水平与货币政策冲击对部门产出的影响表现出正相关关系；赵振洋（2015）考察了价格黏性与金融市场之间的关系；陆旸（2015）、葛尧（2017）均基于价格黏性视角研究企业成本与绩效问题等。

本章研究与已有文献存在较大不同，主要包括两个方面：一是研究视角方面，本章从巨灾风险的角度研究巨灾事件的宏观经济动态效应，不仅考察巨灾事件的即时影响，更重要的是考察巨灾事件所引起代表性个体的灾难性预期对未来宏观经济的影响；二是研究方法方面，本章通过构建包含巨灾风险因素的新凯恩斯 DSGE 模型，同时采用贝叶斯（Bayes Estimation）方法进行参数估计，研究价格黏性特征与货币政策因素在灾难经济体中的动态影响。

本章的结构安排如下：第二部分构建包含巨灾风险因素的新凯恩斯 DSGE 模型；第三部分是相关参数的校准和贝叶斯估计；第四部分考察罕见灾难对我国经济的动态效应及传导机制分析；第五部分给出结论，并提出政策建议。

2.2 理论模型（一）

2.2.1 模型构建

（1）代表性厂商

假设产品市场是垄断竞争的，代表性厂商基于技术水平 A_t 和劳动要素 N_t 的条件下进行生产。假定其生产函数为：

$$Y_t(i) = A_t N_t(i)^{\alpha} \tag{2-1}$$

其中，$Y_t(i)$ 表示厂商 i 在 t 期的产出；α 表示劳动在生产中所占份额；A_t 表示厂商在 t 期的全要素生产率水平，同时假定其服从对数一阶自回归 AR（1）过程，即：

$$\log A_{t+1} = (1-\rho_A)\log A^* + \rho_A \log A_t + \varepsilon_{t+1}^A,\ \varepsilon_{t+1}^A \sim N(0, \sigma_A^2) \tag{2-2}$$

计算代表性厂商的成本最小化，可知厂商的边际成本为：

$$MCost_t = \alpha^{-1} \cdot A_t^{-1/\alpha} Y^{1/\alpha-1} W_t \tag{2-3}$$

其中，W_t 表示 t 期的工资水平。本章假设产品定价服从交错价格设定模式，即假定厂商在每期均有 $1-\varphi$ 的概率重新设定价格，φ 越大表明产品价格的黏性越大，$\varphi=0$ 代表市场是完全竞争的。厂商通过选择产品的最优价格 P_t^*，实现企业的利润最大化，可得：

$$\max_{P_t^*} E_t\left\{\sum_{k=0}^{\infty}\varphi^k Q_{t,t+k}\left[P_t^* - \frac{\theta}{\theta-1}P_{t+k}MCost_{t+k}\right]\right\} = 0 \tag{2-4}$$

参照 Gourio（2012）、陈国进等（2014）的观点，假定巨灾事件对厂商部门的全要素生产率产生较大冲击，导致厂商产出规模的下降比例为 h，则 $t+1$ 期厂商 i 的产出可表达为：

$$Y_t(i) = (1-\eta_t h)A_t N_t(i)^{\alpha} \tag{2-5}$$

其中，$\eta_t(\cdot)$是示性函数，$\eta_t(\cdot)\in\{0,1\}$，表示巨灾事件在第 t 期发生时，$\eta_t=1$，巨灾事件在第 t 期未发生时，$\eta_t=0$。通常来讲，巨灾事件发生具有不可测性，故本章假定巨灾事件发生的概率是随机的。同时，设定灾难概率冲击服从对数一阶自回归（AR（1））过程，即：

$$\log p_{t+1} = (1-\rho_p)\log p^* + \rho_p \log p_t + \varepsilon_{p,t+1},\ \varepsilon_{p,t+1}\sim i.i.d.N(0,\sigma_p^2) \tag{2-6}$$

（2）代表性家庭

假定经济体中的所有家庭消费偏好相同，均采用 CRRA 的效用形式。则代表性家庭的效用函数为：

$$\max_{\{C_t,N_t,S_{t+1}\}} E_0\left\{\sum_{t=0}^{\infty}\beta^t\left[\frac{C_t^{1-\gamma_1}}{1-\gamma_1} - \frac{N_t^{1+\gamma_2}}{1+\gamma_2} + \frac{(M_t/P_t)^{1-\gamma_3}}{1-\gamma_3}\right]\right\} \tag{2-7}$$

其中，$\beta\in(0,1)$表示主观贴现率；γ_1、γ_2 分别表示消费与劳动的相对风险规避系数；γ_3 是实际货币余额替代弹性的倒数；C_t 表示家庭在 t 期的消费量；N_t 表示家庭的劳动供给，M_t/P_t 表示家庭的实际货币余额持有量。

假设该经济体中居民消费的产品具有同质性，消费量 C_t 表达为：

$$C_t = \left[\int_0^1 C_t(i)^{(\theta-1)/\theta}di\right]^{\theta/(\theta-1)} \tag{2-8}$$

其中，$C_t(i)$表示家庭对产品 i 的消费量，$i \in [0, 1]$ 表示商品类别；θ 表示产品之间的替代弹性。

假定产品 i 的价格为 $P_t(i)$，由家庭消费支出最小化，可得消费品价格为：

$$P_t = [\int_0^1 P_t(i)^{1-\theta} di]^{1/(1-\theta)} \tag{2-9}$$

同时，假设 t 期家庭的预算约束为：

$$P_t C_t + M_t + B_t \leqslant M_{t-1} + R_{t-1} B_{t-1} + W_t N_t \tag{2-10}$$

其中，B_{t-1}表示 $t-1$ 期家庭持有的名义债券余额，R_{t-1}表示 $t-1$ 期债券的利率水平。

（3）货币政策规则

考虑到我国央行通过货币政策调节货币供给。本章参考马文涛（2011）、曲琦和郭步超（2013）的观点，假定我国货币政策采用价格型的货币政策规则，其表达式为：

$$\ln\left(\frac{r_t}{r}\right) = \rho_\pi \ln\left(\frac{\pi_t}{\pi}\right) + \kappa_t \tag{2-11}$$

其中，r_t 表示实际利率；ρ_π 表示通货膨胀的偏离稳态反应系数；κ_t 是货币政策冲击，假定其服从对数一阶自回归（AR（1））过程，即：

$$\log\kappa_{t+1} = (1-\rho_\kappa)\log\kappa^* + \rho_\kappa \log\kappa_t + \varepsilon_{\kappa,t+1},\ \varepsilon_{\kappa,t+1} \sim i.i.d.N(0,\ \sigma_\kappa^2) \tag{2-12}$$

对上述规划问题进行求解，可以得到相应的非线性动态方程系统，由于难以获得精确的解析解，故本章基于 dynare 程序进行数值模拟。

2.2.2 参数的校准与贝叶斯估计

数值模型中的参数赋值方式分为两种：一是静态参数，主要采用我国实际的宏观经济数据进行校准确定；二是动态参数，本章采用贝叶斯估计方法进行赋值。静态参数主要包括主观贴现因子 β、资本折旧率 δ、消费与劳动供给的相对风险规避参数 γ_1、γ_2、实际货币余额替代弹性的倒数 γ_3、劳动产出弹性 α、灾难发生概率均值 p、中间产品替代弹性 θ、均衡劳动供给 N^*、产出下降比例参数 h、调整价格概率 φ、价格型工具参数 ρ_r；动态参数包括灾难概率冲击、技术冲击以及货币政策冲击的相关参数 ρ_p、ρ_A、ρ_κ 和 ε_p、ε_A、ε_κ。

静态参数的校准。①劳动产出弹性 α、主观贴现因子 β 与资本折旧率 δ。本章采用陈昌兵（2014）基于四种折旧率模型的估计结果，劳动产出弹性 α 校准为 0.4；参考陈昆亭和龚六堂（2006）对我国资本折旧率的估算值，资本折旧率 δ 取为 0.1；参考 Finocchiaro & Heideken（2013）的计算结果，效用贴现因子 β 取为 0.99。②相对风险规避参数 γ_1、γ_2 与 γ_3。参考黄赜琳（2005）采用我国居民消费数据的估计值，γ_1、γ_2 分别取为 0.84 和 0.9；参考张瀛（2008）、Zhang（2009）的估计结果，γ_3 校准为 4。③其他相关参数。一是巨灾相关参数 p、h，参考陈国进等（2014）的计算值，两个参数分别取为 0.05、0.0689；二是均衡劳动供给 N^*，采用 Kyland & Prescott（1982）的估计结果，将 N^* 校准为 0.33；三是中间产品替代弹性 θ，参考陈昆亭和龚六堂（2006），取为 10；四是价格型工具的相关参数 ρ_π，参照王君斌等（2013），偏离稳态反应系数 ρ_π 取为 1.2（见表 2 - 1）。

表 2 - 1　静态参数的校准结果

参数	α	β	δ	γ_1	γ_2	γ_3	ρ_π	N^*	h	p	θ
值	0.4	0.99	0.1	0.84	0.9	4	1.2	0.33	0.0689	0.05	10

动态参数的贝叶斯估计。本章采用我国的实际 GDP、居民消费等经济数据为样本，采用贝叶斯估计方法对动态参数进行数值模拟。本章的动态参数主要包括三种冲击的一阶

自回归系数和波动参数。首先，选取相关参数的初始值：一是一阶自相关系数初值的选取，参考李春吉等（2010）的观点，ρ_A、ρ_κ 与 ρ_p 的初值均取为0.7；二是随机扰动项初值的选取，参考Gourio（2012）的估计方法，以家庭消费、产出和就业的标准差的均值作为灾难概率冲击随机扰动项的初值，可得到随机扰动项先验均值的初值为0.6，对于其他冲击随机扰动项初值的选取，均校准为0.05。其次，关于估计各参数所采用先验分布的形式，参考Smets & Wouters（2007）、Khan & Tsoukalas（2011）的观点，设定一阶自回归系数均服从贝塔（Beta）分布，波动参数均服从逆伽玛（Inv. Gamma）分布（见表2－2）。

表2－2　　动态参数的贝叶斯估计结果

参数	参数说明	先验均值	先验分布	后验均值	后验置信区间	
ρ_A	技术冲击的一阶自回归系数	0.7	Beta	0.6768	0.5225	0.8361
ρ_p	灾难概率冲击的一阶自回归系数	0.7	Beta	0.6760	0.5334	0.8605
ρ_κ	货币政策冲击的一阶自回归系数	0.7	Beta	0.5843	0.5044	0.6785
ε_A	技术冲击的随机扰动项	0.05	Inv. Gamma	0.0350	0.0131	0.0568
ε_p	灾难概率冲击的随机扰动项	0.6	Inv. Gamma	0.6592	0.1929	1.3016
ε_κ	货币政策冲击的随机扰动项	0.05	Inv. Gamma	0.0140	0.0112	0.0171

2.2.3 宏观经济动态效应分析

本节主要从两个方面进行分析：一是考察包含价格黏性因素的经济体中灾难概率冲击、技术冲击及货币政策冲击对宏观经济的动态影响，分析新凯恩斯经济体中价格黏性特征对巨灾事件、生产技术及货币政策的作用机制；二是基于上述研究结论，对其传导机制进行分析。

（1）灾难概率冲击的敏感性分析

图2－1给出了价格黏性参数 $\varphi_t=0.8$、$\varphi_t=0.4$ 与 $\varphi_t=0$ 三种情形下，1%单位正向灾难概率冲击对各经济变量的动态影响。可以发现：①从影响程度来看，价格黏性因素能够在一定程度上增强宏观经济对巨灾事件的风险抵御能力，削弱巨灾事件对经济的冲击程度。如当 $\varphi_t=0.8$ 时，产出、消费的下降幅度均为0.1%，远低于 $\varphi_t=0$（无价格黏性）时的0.8%，且能够在一定程度上刺激家庭就业。然而，价格黏性因素对巨灾情境下通货膨胀（pi）、货币供应量（m）及利率（r）的扩大具有显著的抑制作用，而 $\varphi_t=0$ 时三者均受到巨灾事件的较大冲击。②从复苏周期来看，价格黏性因素对巨灾情境下产出、消费的复苏时间影响显著，$\varphi_t=0.8$ 时两者的复苏时间均为6期，远低于 $\varphi_t=0$ 时的15期，同时，价格黏性因素减缓了通胀水平及货币供应量的复苏时间，而对利率及就业的影响相对较小。

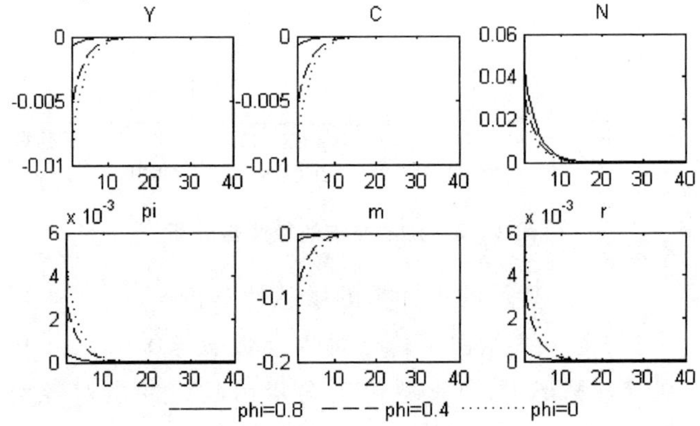

图2－1　灾难概率冲击的敏感性分析

（2）技术冲击的敏感性分析

图 2－2 给出了价格黏性参数 $\varphi_t=0.8$、$\varphi_t=0.4$ 与 $\varphi_t=0$ 三种情形下，1% 单位正向技术冲击对各宏观经济变量的影响，可以发现：①从影响程度来看，$\varphi_t=0$ 时技术冲击对企业产出、消费的刺激效果显著优于 $\varphi_t=0.4$ 与 $\varphi_t=0.8$ 时的情形，同时对降低通货膨胀压力及利率水平也优于后两者，而对就业的影响不显著，这说明价格黏性因素抑制了企业对生产技术的充分运用及居民的消费水平，但能够显著降低社会的通胀与利率水平；②从持续时间来看，$\varphi_t=0$ 时技术冲击对产出、消费、通胀及利率的持续影响最长，而对就业的影响不显著，而价格粘性达到 0.8 时技术冲击对各宏观经济变量的影响周期较短，其削弱了技术冲击对经济的影响程度与持续时间。

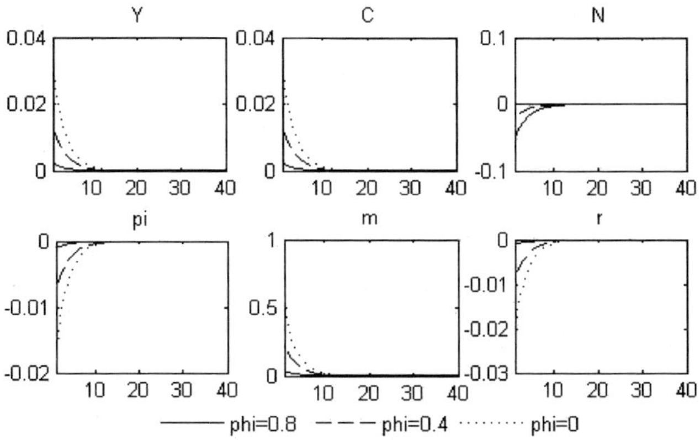

图 2－2　技术冲击的敏感性分析

（3）货币政策冲击的敏感性分析

图 2－3 给出了价格黏性参数 $\varphi_t=0.8$、$\varphi_t=0.4$ 与 $\varphi_t=0$ 三种情形下，1% 单位正向货币政策冲击对各宏观经济变量的影响，可以发现：无价格黏性情形下货币政策对产出、消费及就业不产生影响，这是因为完全弹性价格的经济体中

实际经济变量与货币政策保持独立，货币政策冲击被产品价格完全反应，从而使得其对宏观经济不具有实际影响。然而，价格黏性因素显著降低了货币政策对通货膨、货币供应量及利率水平的影响，从图 2－3 可以看出，当 $\varphi_t=0.8$、$\varphi_t=0.4$ 时，货币政策对三者基本不产生作用，而 $\varphi_t=0$ 时通胀及利率水平出现明显下降，货币供应量显著上升。

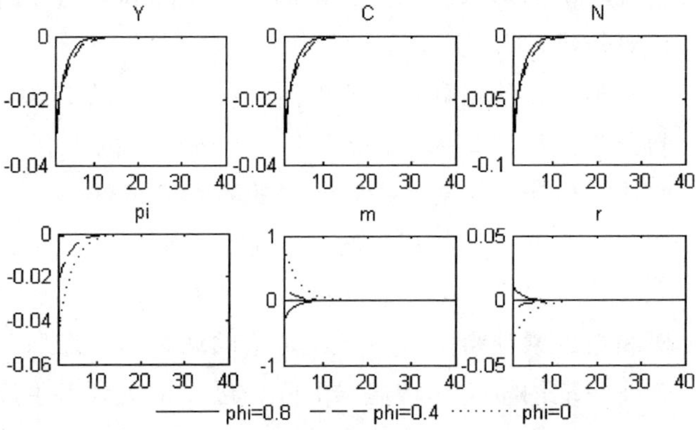

图 2－3　货币政策冲击的敏感性分析

（4）价格黏性因素的宏观经济作用机制分析

第一，价格黏性因素背景下巨灾风险的宏观经济传导机制分析。从图 2－2 可以看出，价格黏性因素短期内在巨灾事件对企业产出及家庭消费的冲击方面具有一定的减缓作用，且在一定程度上缩短了宏观经济的复苏周期，同时价格黏性因素有利于降低巨灾事件所引致的社会通货膨胀压力，促进经济的良性运转。产生这一效应主要基于以下几点：首先，价格黏性因素一定程度上降低了巨灾事件对企业产出的冲击，这使得巨灾事件初期企业能够保持生产经营活动的正常运转，居民的就业和家庭收入在期初也维持原有水平，进而使得居民消费在期初阶段并未出现显著下降。其次，价格黏性因素使得产品最终价格从生产端向销售端传导出现一定的时滞效应，从而在一定程度上能够缓解经济的通胀压力，并削弱了政府通过提高利率水平压制通胀的动力。最后，由于价格黏性因素能够降低通胀及利率水平的非理性波动，则该因素也必将降低巨灾事件对政府货币供应量的影响；而且，由于价格黏性因素对市场价格传导的影响更多地表现出短期性特征，故中长期内货币政策能够充分消化价格黏性对宏观经济的影响，因此，该因素对实际利率恢复时间的影响相对较小。

第二，价格黏性因素背景下技术冲击的宏观经济传导机制分析。从图 2 - 3 可以看出，价格黏性因素在一定程度上削弱了生产技术对企业产出、家庭消费的影响，并使得技术冲击在企业中的作用时间显著缩短，同时降低了社会通胀压力及利率水平。产生这一效应主要基于以下几点：首先，价格黏性因素使得企业对产品价格的调整时间滞后，从而导致企业短期内资本周转速率下降，进而影响到对生产技术的及时更新，降低了技术冲击在企业中的作用时间，这也导致居民收入水平上升速率放缓，家庭消费上升速率也将受到影响；其次，价格黏性因素使企业产品价格调整时间延长，削弱了生产技术改善对产品价格上涨的冲击作用，从而在一定程度上降低了社会的通胀压力和利率水平。

第三，价格黏性因素背景下货币政策冲击的宏观经济传导机制分析。从图 2 - 3 可以看出，无价格黏性时货币政策对实际经济变量不产生影响，同时价格黏性因素大幅削弱了货币政策冲击对通胀和利率水平的影响，而且随着价格黏性的下降各经济变量的反应微弱，产生这种效果主要是基于如下机制：首先，无价格黏性时厂商能够根据货币政策变动及时调整产品价格，使企业产出及居民消费不受货币政策的影响；其次，无价格黏性时货币政策直接作用于名义利率，从而使得通胀水平及货币供应量均出现较大变化，而存在价格黏性时，产品价格调整时间的滞后效应显著削弱了货币政策对通货膨胀的影响。

2.3 理论模型（二）

2.3.1 理论构建

（1）代表性家庭

参考 Ireland（2001）、李春吉等（2006）的相关研究，假定经济体中的消费者具有相同的偏好，且其效用函数采用相对风险厌恶系数不变（CRRA）的效用形式。因此，代表性家庭的目标函数可表达为：

$$\max_{\{C_t,N_t,S_{t+1}\}} E_0\left\{\sum_{t=0}^{\infty}\beta^t\left[\frac{C_t^{1-\gamma_1}}{1-\gamma_1}-\frac{N_t^{1+\gamma_2}}{1+\gamma_2}+\frac{(M_t/P_t)^{1-\gamma_3}}{1-\gamma_3}\right]\right\} \tag{2-13}$$

其中：E_0 表示 0 期的条件期望算子；β 表示主观贴现率，取值范围为（0，1）；C_t 表示 t 期家庭的消费；N_t 表示 t 期家庭的劳动供给；γ_1、γ_2 分别表示消费与劳动供给的相对风险规避系数；γ_3 表示实际货币余额替代弹性的倒数；M_t/P_t 表示家庭持有的实际货币余额。

假设经济体中家庭消费总量是一篮子产品，消费量 C_t 可表达为：

$$C_t = \left[\int_0^1 C_t(i)^{(\theta-1)/\theta}di\right]^{\theta/(\theta-1)} \tag{2-14}$$

其中：$C_t(i)$表示家庭对产品 i 的消费量，$i \in [0, 1]$ 表示商品类别；θ 表示产品之间的替代弹性。

计算家庭在第 t 期的最优消费量，可得：

$$C_t = [P_t(i)/P_t]^{\theta} C_t(i) \tag{2-15}$$

可以看出，θ 反映出每种消费品 $C_t(i)$的需求价格弹性，也体现出消费品市场的竞争程度的大小。

假定产品 i 的价格为 $P_t(i)$，由家庭消费支出最小化，可得消费品价格为：

$$P_t = \left[\int_0^1 P_t(i)^{1-\theta} di\right]^{1/(1-\theta)} \tag{2-16}$$

假设第 t 期家庭的预算约束为：

$$P_t C_t + M_t + B_t \leqslant M_{t-1} + R_{t-1} B_{t-1} + W_t N_t \tag{2-17}$$

其中，B_{t-1}、R_{t-1}分别表示 $t-1$ 期家庭持有的名义债券余额及相应债券的利率水平。

求解代表性家庭的效用最大化问题，可得一阶条件与横截性条件如下：

$$\beta R_t E_t\left(\frac{P_t}{P_{t+1}}\right) = \frac{C_t^{-\gamma_1}}{E_t C_{t+1}^{-\gamma_1}} \tag{2-18}$$

$$\frac{W_t}{P_t} = C_t^{\gamma_1} N_t^{\gamma_2} \tag{2-19}$$

$$\frac{R_t - 1}{R_t} = C_t^{\gamma_1} \left(\frac{M_t}{P_t}\right)^{-\gamma_3} \tag{2-20}$$

其中：式（2－18）表示家庭消费的最优规划，即当期消费的边际效用等于下一期消费所带来效用的贴现值；式（2－19）为劳动供给方程，表示 t 期家庭劳动所带来的边际损失等于消费所产生的边际效用；式（2－20）为货币需求方程。

（2）代表性厂商

假设产品市场具有垄断竞争的性质，代表性厂商在已有技术水平 Z_t 的条件下，利用劳动要素 N_t 和资本要素 K_t 进行生产活动。同时假定生产函数服从柯布—道格拉斯形式，即：

$$Y_t(i) = Z_t K_t(i)^{\alpha} N_t(i)^{1-\alpha} \quad (2-21)$$

其中：$Y_t(i)$表示 t 期厂商 i 的产出；α 分别表示 t 期资本在生产中所占份额；Z_t 表示 t 期外生的技术水平，假定其服从 AR（1）过程：

$$\log Z_{t+1} = (1-\rho_Z)\log Z^* + \rho_Z \log Z_t + \varepsilon_{t+1}^Z, \quad \varepsilon_{t+1}^Z \sim N(0, \sigma_Z^2) \quad (2-22)$$

考虑厂商的成本最小化问题，即：

$$\min_{\{N_t, K_t\}} Cost = W_t N_t + R_t K_t \quad (2-23)$$

分别对变量 Z_t、N_t 求一阶偏导，可得一阶化条件为：

$$\frac{W_t}{R_t} = \frac{1-\alpha}{\alpha} \cdot \frac{K_t}{N_t} \quad (2-24)$$

进而，可以求出厂商的边际成本，即：

$$MCost_t = A_t^{-1} \cdot \alpha^{-\alpha}(1-\alpha)^{\alpha-1} R_t^{\alpha} W_t^{1-\alpha} \quad (2-25)$$

参考 Calvo（1983），假设厂商的产品定价服从交错价格设定模式，即为了达到利润最大化，所有厂商在每一期均有 $1-\chi$ 的概率重新设定价格，则变量 $\chi \in [0,1]$ 能够衡量价格黏性的程度，χ 越大，说明产品价格的黏性越大，$\chi = 0$ 代表市场是完全竞争的。厂商在相应约束条件下，选择最优价格 P_t^*，实现生产成本最小化与利润最大化。则厂商的收益最大化可表达为：

$$\max_{P_t^*} E_t \{ \sum_{k=0}^{\infty} \chi^k Q_{t,t+k} [P_t^* Y_{t+k} - P_{t+k} MCost_{t+k}] \} \quad (2-26)$$

在假定产品市场均衡的条件下，对最优价格 P_t^* 求一阶偏导，可得如下一阶条件，即：

$$\max_{P_t^*} E_t \left\{ \sum_{k=0}^{\infty} \chi^k Q_{t,t+k} \left[P_t^* - \frac{\theta}{\theta-1} P_{t+k} MCost_{t+k} \right] \right\} = 0 \quad (2-27)$$

参照 Gourio（2012）、陈国进等（2014），在厂商部门引入巨灾风险因素，由于巨灾事件对经济破坏力极大，从而必将导致企业产出、资本存量的急剧下降，因此，本章假定巨灾事件发生时，所有厂商产出规模被破坏的比例均为 h_1，则 $t+1$ 期厂商 i 的产出：

$$Y_t(i)=(1-\eta_t h_1)Z_t K_t(i)^{\alpha}N_t(i)^{1-\alpha} \quad (2-28)$$

其中，$\eta_t(\cdot)$是示性函数，$\eta_t(\cdot)\in\{0,1\}$，表示巨灾事件在第 t 期发生时，$\eta_t=1$，巨灾事件在第 t 期未发生时，$\eta_t=0$。同时，本章假定巨灾事件引起所有厂商资本存量被破坏的比例为 h_2，则 $t+1$ 期厂商 i 的资本存量水平为：

$$K_{t+1}(i)=[(1-\delta)K_t(i)+I_t(i)](1-\eta_t h_2) \quad (2-29)$$

其中，δ 表示企业资本的折旧率，$I_t(i)$表示 t 期企业的投资规模。

通常来讲，巨灾事件发生具有不可测性，故本章假定巨灾事件发生的概率是随机的。同时，设定灾难概率冲击服从对数一阶自回归（AR（1））过程，即：

$$\log p_{t+1}=(1-\rho_p)\log p^{*}+\rho_p\log p_t+\varepsilon_{p,t+1},\ \varepsilon_{p,t+1}\sim i.i.d.\ N(0,\ \sigma_p^2) \quad (2-30)$$

（3）货币政策规则

在宏观经济模型中，中央银行通过货币政策规则调节货币供给。“泰勒规则”提出之后，国内众多学者认为我国货币政策宜采用类似于泰勒规则的利率反馈形式的货币政策规则。因此，本章假定我国货币政策工具以利率调节为主，则此时应采用价格型的货币政策规则，参考王君斌等（2013），其形式设定为：

$$\ln\left(\frac{r_t}{r}\right)=\rho_r\ln\left(\frac{r_{t-1}}{r}\right)+\rho_y\ln\left(\frac{y_t}{y}\right)+\rho_\pi\ln\left(\frac{\pi_t}{\pi}\right)+\kappa_t \quad (2-31)$$

其中：r_t、y_t 和 π_t 分别表示实际利率、产出缺口和通货膨胀率；ρ_r 是利率平滑系数，ρ_y、ρ_π 分别表示对应的偏离稳态反应系数；κ_t 是货币政策冲击，假定其服从对数一阶自回归（AR（1））过程，即：

$$\log\kappa_{t+1}=(1-\rho_\kappa)\log\kappa^* +\rho_\kappa\log\kappa_t+\varepsilon_{\kappa,t+1},\ \varepsilon_{\kappa,t+1}\sim i.i.d.N(0,\ \sigma_\kappa^2) \tag{2-32}$$

（4）财政政策

为了对比分析货币政策与财政政策在灾难经济体中对宏观经济的作用机制，参考 Baxter & King（1993）、黄赜琳（2005）的研究，假定居民有效消费由家庭消费与加权的政府支出组成，有效消费函数可表达为：$TC_t(i)=C_t(i)G_t^{\varphi}(i)$。其中，$G_t(i)$表示居民在产品 i 的消费中与政府支出相关的部分，φ 表示政府支出对居民有效消费的影响程度，φ 值越大，则说明家庭效用受政府支出的影响越大，且居民消费与政府支出之间具有不完全替代性。

对上述规划问题分别从货币政策与财政政策两个方面进行求解，可以得到包含一系列经济变量的非线性动态方程系统，由于不能获得精确的解析解，故本章采用 matlab 应用程序进行数值模拟。

2.3.2　参数的校准与贝叶斯估计

对数值模型中的参数仍分别采用两种方法进行赋值：一是部分结构性参数结合我国实际宏观经济数据，采用校准的方法进行赋值；二是其他结构性参数、冲击方程中的持续性参数和波动参数，均采用贝叶斯估计的方法进行赋值。采用校准方法进行赋值的参数包括：主观贴现因子 β、资本产出弹性 α、资本折旧率 δ、均衡劳动供给 N^*、灾难发生概率均值 p 与破坏比例参数 h_1 和 h_2、政府支出与居民消费关系系数 φ 与调整价格概率 χ。采用贝叶斯估计方法进行赋值的参数包括：消费与劳动供给的相对风险规避参数 γ_1、γ_2 与实际货币余额替代弹性的倒数 γ_3、中间产品替代弹性 θ、价格型工具参数 ρ_r、ρ_y、ρ_π、技术冲击、灾难概率冲击以及货币政策冲击的一阶自回归参数 ρ_Z、ρ_p、ρ_κ 和波动参数 ε_Z、ε_p、ε_κ。

（1）参数校准

①资本产出弹性 α、主观贴现因子 β 与资本折旧率 δ。一是资本产出弹性 α，陈昌兵（2014）基于四种折旧率模型估计出我国劳动产出弹性为 0.4，取资本的边际产出弹性为 0.6；二是资本折旧率 δ，与国内大多数文献一致，私人资本的稳态季度折旧率 0.025，并参考马文涛等（2011）、陈昆亭等（2006）对我国资本折旧率的估算值，δ 校准为 0.1；三是效用贴现因子 β，基于袁申国等（2011）、Finocchiaro et al.（2013）的估计值，β 取为 0.99。

②其他参数的取值。一是均衡劳动供给 N^*，参考 Hansen（1985），以每天工作 8 小时，每周工作 5 天进行估算，可将 N^* 校准为 0.33；二是灾难发生概率均值 p 与破坏比例参数 h_1、h_2，参考陈国进等（2014），灾难相关参数分别取为 0.05、0.0689 和 0.0689；三是政府支出与居民消费关系系数 φ，参考黄赜琳（2005），φ 值校准为 0.33；四是调整价格概率 χ，参考陈昆亭等（2006），取值范围设定为 0 ~ 0.6。

（2）参数的贝叶斯估计

考虑到不同经济情形下参数取值的差异性，基于我国实际 GDP、居民消费及投资等经济数据，采用贝叶斯估计（Bayes Estimation）方法对模型中的变量进行拟合，得出符合巨灾情境的参数取值。

采用贝叶斯方法进行估计的参数分为三种：一是结构性参数，参考国内主流文献的做法，相对风险规避参数 γ_1 和 γ_2、实际货币余额替代弹性的倒数 γ_3 及中间产品替代弹性 θ

的初值均设为0.5，价格型工具的相关参数ρ_r、ρ_y、ρ_π，参照王君斌等（2013）的观点，初值取为0.75、0.15和0.65；二是持续性参数，即三种冲击方程的一阶自相关系数，参考黄赜琳（2005）、李春吉等（2010），同时为了保持参数取值的一致性，ρ_Z、ρ_κ与ρ_p的初值均取为0.7；三是波动参数，即所有外生冲击的标准差，参考Gourio（2012）、陈国进等（2014）的估算方法，以企业产出、居民消费及就业的标准差的均值作为灾难概率冲击随机扰动项的估计值，可得随机扰动项先验均值的初值为0.6，关于其他冲击随机扰动项初值的选取，参考李春吉等（2010）、王燕武等（2011），校准为0.05。关于先验分布的选取，参考Smets et al.（2007）、Khan et al.（2011）的观点，假定结构性参数与持续性参数均服从Beta分布，波动参数均服从逆伽玛（Inv. Gamma）分布（见表2－3）。

表2－3　参数的贝叶斯估计结果

参数	参数说明	先验均值	先验分布	后验均值	后验置信区间	
γ_1	消费的相对风险规避系数	0.5	Beta	0.6845	0.5754	0.8098
γ_2	劳动供给的相对风险规避系数	0.5	Beta	0.1043	0.0650	0.1488
γ_3	实际货币余额替代弹性的倒数	0.5	Beta	0.4746	0.3462	0.6026
θ	中间产品替代弹性	0.5	Beta	0.5336	0.3994	0.6985
ρ_r	利率平滑系数	0.75	Beta	0.7660	0.6035	0.9328
ρ_π	通货膨胀的反应系数	0.65	Beta	0.6254	0.4743	0.7830
ρ_y	总产出的反应系数	0.15	Beta	0.1378	0.0156	0.3070
ρ_Z	技术冲击的一阶自回归系数	0.7	Beta	0.9157	0.8709	0.9600
ρ_p	灾难概率冲击的一阶自回归系数	0.7	Beta	0.6842	0.5222	0.8344

续表

参数	参数说明	先验均值	先验分布	后验均值	后验置信区间	
ρ_κ	货币政策冲击的一阶自回归系数	0.7	Beta	0.3534	0.2477	0.4732
ε_Z	技术冲击的随机扰动项	0.05	Inv. Gamma	0.1225	0.0888	0.1501
ε_p	灾难概率冲击的随机扰动项	0.6	Inv. Gamma	0.4868	0.2055	0.9084
ε_κ	货币政策冲击的随机扰动项	0.05	Inv. Gamma	0.0678	0.0522	0.0820

2.3.3 宏观经济动态效应分析

本部分从三个方面探讨罕见灾难的宏观经济动态效应：一是分别考察货币政策、财政政策及无政策因素三种情形下巨灾事件对宏观经济的影响；二是分析价格黏性因素分别在灾难概率冲击、技术冲击及货币政策冲击情形下的作用机制；三是结合三种冲击的宏观经济动态效应，探讨巨灾风险在灾难经济体中的传导机制。

（1）政策机制比较分析

图 2-4 给出了无政策因素、包含财政政策及包含货币政策三种政策机制下巨灾风险的数值模拟结果，可以发现：①从波动程度来看，1% 单位的正向灾难概率冲击在不同政策机制下对各经济变量的冲击效应存在较大差异，如在无政策因素情况下，企业产出、消费及投资的下降幅度分别达到 2.8%、2.8% 和 3.4%，而财政政策因素使得三者的下降幅度大幅缩小，分别为 1.2%、1.1% 和 1.0%，货币政策因素对巨灾风险的防御效应更为有效，三者的下降幅度仅为 0.5%、0.3% 和 0.1%；同时，三种政策机制对就业的影响也显著不同，无政策因素与财政政策均不能较好抵御巨灾风险对家庭就业的冲击，而货币政策对稳定就业水平更为有效。②从时间周期来看，财政政策与无政策因素情形下

产出、消费及投资的复苏时间相近，分别大约为 24 期、28 期和 5 期，而货币政策机制情形下三者的复苏时间显著缩短，仅为 12 期、8 期和 2 期；同时，就业周期波动在三种政策机制下显著不同，前两种政策机制下就业在巨灾事件发生的期初阶段保持较低水平，直至第 3 期左右才恢复至正常情形，而货币政策在巨灾情境下对就业的促进作用更为明显，使巨灾事件的冲击在期初阶段的影响显著减弱。

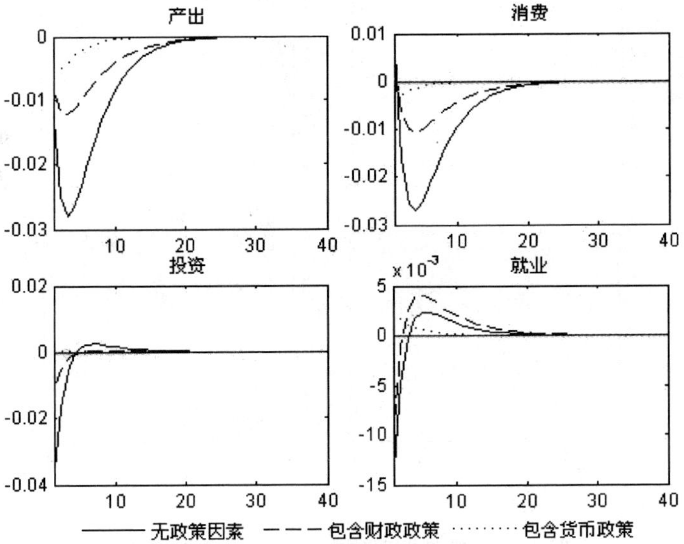

图 2－4　灾难概率冲击的政策模拟

（2）灾难概率冲击的敏感性分析

图 2－5 给出了价格黏性参数 $\chi_t = 0.6$、$\chi_t = 0.3$ 与 $\chi_t = 0$ 三种情形下，1% 单位正向灾难概率冲击对各经济变量的动态影响。可以发现：①从影响程度来看，价格黏性能够在一定程度上增强宏观经济对巨灾事件的风险抵御能力，削弱巨灾事件对经济的冲击程度。如当 $\chi_t = 0.6$ 时，产出、消费的

下降幅度仅为0.17%和0.19%，远低于$\chi_t=0$（无价格黏性）时的0.28%和0.35%。然而，价格黏性因素对巨灾情境下投资规模的扩大具有显著的抑制作用，而$\chi_t=0$时投资规模受到巨灾事件的冲击较小。②从复苏周期来看，价格黏性对巨灾情境下产出、消费及就业的复苏时间影响不显著，而对企业投资规模的复苏存在一定的抑制作用。

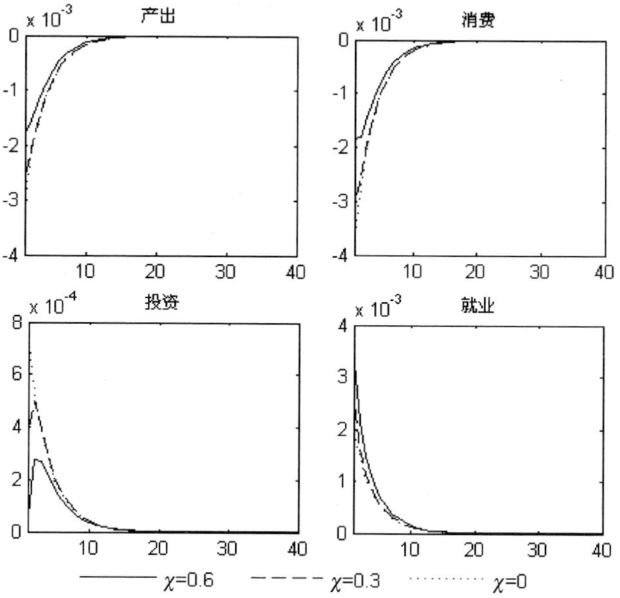

图2-5　灾难概率冲击的敏感性分析（一）

图2-6给出了价格黏性参数$\chi_t=0.6$、$\chi_t=0.3$与$\chi_t=0$三种情形下，1%单位正向灾难概率冲击对通胀水平、货币供应量、产出缺口及利率的影响。可以发现：①影响程度方面，价格黏性因素降低了巨灾情境下市场的利率水平，同时增强了经济的通货膨胀压力。如$\chi_t=0.6$时，市场利率水平仅为0.7×10^{-3}，而无价格黏性时达到1.1×10^{-3}，与对通货膨胀的影响相反，经济的通胀水平从2.5×10^{-3}下降至

1.5×10^{-3}；同时，价格黏性因素削弱了巨灾事件对货币供应量与产出缺口的影响，如 $\chi_t=0.6$ 时，货币供应量与产出缺口下降幅度分别仅为 15% 和 0.19%，而无价格黏性时两者分别达到 23% 和 0.35%。②恢复时间方面，价格黏性对各变量复苏周期的影响不显著，当参数 χ_t 取不同值时，各变量恢复至正常水平的时间基本保持一致。

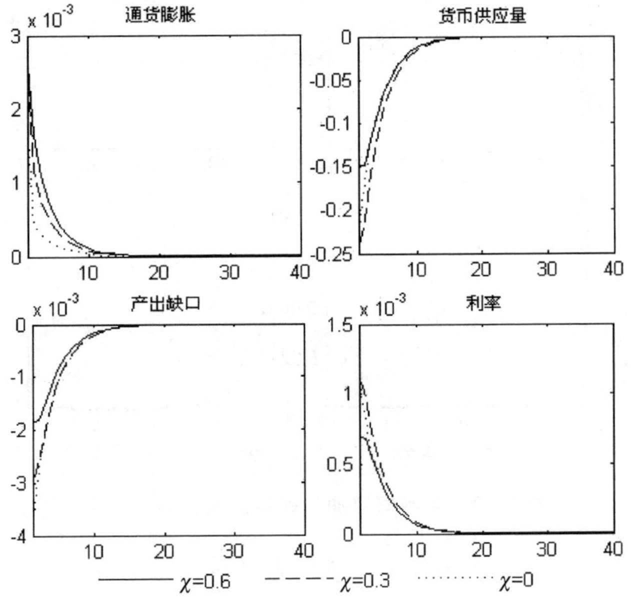

图 2－6　灾难概率冲击的敏感性分析（二）

图 2－7 考察了灾难损失参数 h 上下浮动 3%，1% 单位正向灾难概率冲击对各经济变量的影响。可以发现：随着巨灾事件对企业的全要素生产率及资本存量的冲击效应不断加大，企业产出及居民消费也基本保持匀速下降的态势，同时企业投资规模及就业水平也随着巨灾影响程度的变动出现同步变化，如 h 从 0.0389 上升至 0.0989 时，产出与消费水平分别从 -1.6×10^{-3} 和 -2×10^{-3} 下降至 -4×10^{-3} 和 $-4.8\times$

10^{-3}，投资与就业水平分别从 0.3×10^{-3} 和 0.022 上升至 0.95×10^{-3} 和 0.06，然而，巨灾破坏程度对各变量复苏周期的影响并不显著，随着 h 值的上升，各经济变量的复苏时间基本不变。

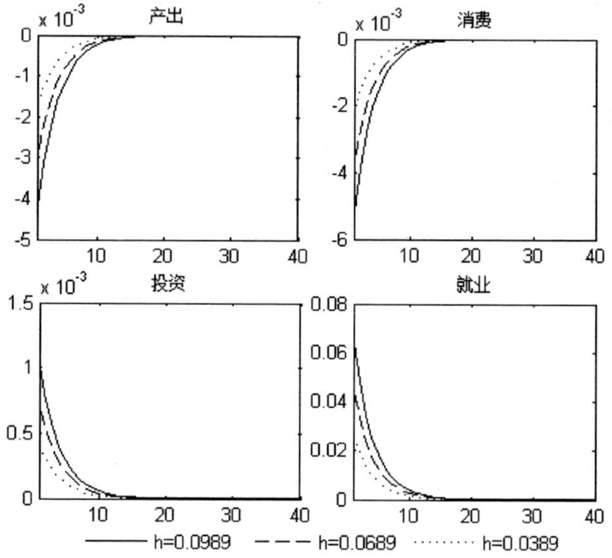

图 2-7　灾难概率冲击的敏感性分析（三）

图 2-8 考察了灾难损失参数 h 上下浮动 3%，1% 单位正向灾难概率冲击对通胀水平、货币供应量、产出缺口及利率的影响。可以发现：货币供应量及产出缺口随着巨灾破坏程度的加深而出现同步下降，且利率水平出现相应回升，但该参数波动对通货膨胀的影响相对较小，如 h 从 0.0389 上升至 0.0989 时，货币供应量及产出缺口分别从 −0.12 和 -2×10^{-3} 下降至 −0.3 和 -4.5×10^{-3}，利率水平从 0.55×10^{-3} 上升至 1.5×10^{-3}，通胀水平基本保持不变。

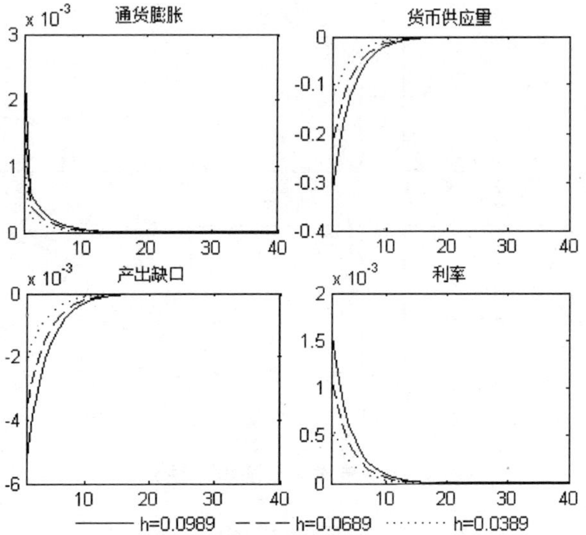

图 2－8　灾难概率冲击的敏感性分析（四）

（3）技术冲击的敏感性分析

图 2－9 给出了价格黏性参数 $\chi_t=0.6$、$\chi_t=0.3$ 与 $\chi_t=0$ 三种情形下，1%单位正向技术冲击对各宏观经济变量的影响。可以发现：①从影响程度来看，$\chi_t=0.6$ 时技术冲击对企业产出、消费及投资的刺激效果显著优于 $\chi_t=0$ 与 $\chi_t=0.3$ 价时的情形，同时对降低通货膨胀压力及利率水平的作用也优于后两者，这说明较强的价格黏性因素能够有效刺激生产技术的充分运用，并降低社会通胀水平，进而刺激经济的快速发展，而较低的和无价格黏性因素均不利于技术的有效转化，抑制经济的高速运行。②从持续时间来看，$\chi_t=0.6$ 时技术冲击对各经济变量的持续影响最长，而价格黏性分别为 0.3 和 0 时对各变量的影响相对较小，这说明价格黏性因素提升了生产技术在宏观经济中的持续时间。

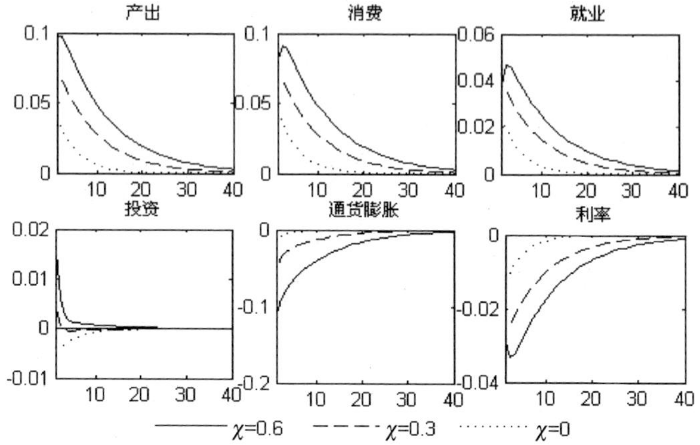

图 2－9　技术冲击的敏感性分析

（4）货币政策冲击的敏感性分析

图 2－10 给出了价格黏性参数 $\chi_t=0.6$、$\chi_t=0.3$ 与 $\chi_t=0$ 三种情形下，1% 单位正向货币政策冲击对各宏观经济变量的影响。可以发现：①影响程度方面，无价格黏性情形下货币政策对产出、就业的影响相对较小，却在较短时期内显著降低了投资、通胀及利率水平，对消费具有一定的正向刺激作用，如 $\chi_t=0$ 时，企业产出与就业的波动幅度显著低于 $\chi_t=0.3$ 时的情形；无价格黏性时投资下降幅度达到 6.8%，而存在价格黏性时货币政策对消费和投资规模的影响效果相反，对两者分别具有负面抑制作用与正向刺激作用。②恢复时间方面，适度的价格黏性（$\chi_t=0.3$ 时）延长了货币政策对宏观经济的冲击，而价格黏性较强和无价格黏性时均在一定程度上削弱了货币政策冲击的持续时间，特别是对通胀水平和利率的影响，$\chi_t=0$ 时货币政策对两者作用的持续性显著减弱。

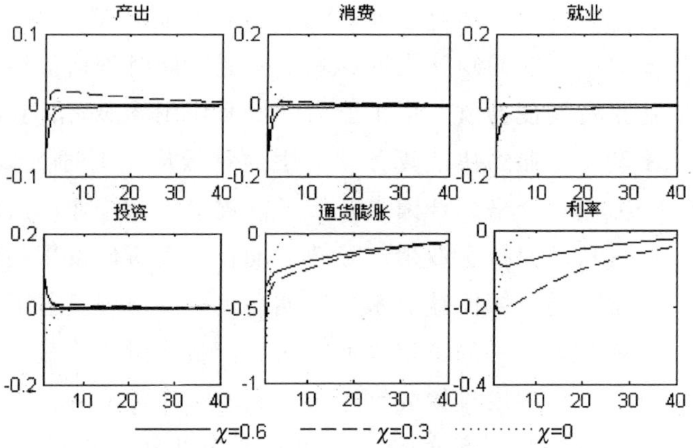

图 2－10　货币政策冲击的敏感性分析

（5）巨灾风险的宏观经济传导机制分析

第一，财政政策、货币政策在灾难经济体中的传导机制分析。从图 2－4 可以看出，财政政策在缓解巨灾事件对产出、消费、投资及就业等经济变量冲击方面的效果弱于货币政策，强于无政策因素的情形，产生这种效果主要是基于如下传导机制：一方面，政府支出的刚性特征，使家庭消费及企业投资在巨灾事件发生时难以做出快速调整，从而降低了居民消费以及投资行为的灵活性，而货币政策在资金运转方面的时滞短于财政政策，其能够通过资本市场，快速实现货币资金的合理配置与风险应对，增强了企业的风险抵御能力；另一方面，无政策因素情形下的巨灾事件对宏观经济的破坏程度显著高于财政政策与货币政策两种情形，这说明政府部门能够在社会资源的有效配置方面发挥重要作用，在应对宏观风险时能够统筹考虑企业生产与家庭消费行为之间的协调性。

第二，新凯恩斯经济情境下巨灾风险的宏观经济传导机制分析。从图 2－5 可以看出，价格黏性因素能够一定程度上减缓巨灾事件对企业产出、家庭消费及就业的短期冲击，而对中长期的复苏周期影响不明显，同时价格黏性因素对企业投资规模的风险抵御能力的提升作用不显著，且在中长期不利于企业的快速复苏。产生这种效应主要通过以下渠道：一方面，价格黏性因素延缓了巨灾事件对企业产出的冲击速度，从而使得企业生产经营活动在巨灾事件发生初期仍能够正常运转，居民就业水平在期初也并未出现显著下降，最终家庭收入水平的稳定也使得居民消费下滑速率显著下降，而企业投资规模直接受制于市场利率，巨灾事件通过影响货币投放量改变利率水平，进而降低企业融资规模及新增投资量，价格黏性因素对其影响相对较小；另一方面，价格黏性因素对宏观经济波动的暂时性影响更为显著，而中长期内厂商能够根据市场环境对产品价格进行充分调整，故该因素对灾难经济体复苏时间的影响并不明显。

第三，新凯恩斯经济情境下巨灾风险对货币市场的传导机制分析。从图 2 - 6 可以看出，价格黏性因素降低了巨灾情境下社会的利率水平，而对通货膨胀存在一定的刺激作用，同时压缩了政府的货币投放量及产出缺口，但中长期内对相关变量的复苏周期影响不显著，产生这种效果主要是基于如下机制：价格黏性因素使得产品最终价格从生产端向销售端传导出现一定的时滞效应，从而在一定程度上降低了巨灾风险在经济体中的传导效率，同时削弱了政府通过提高利率水平压制通胀的动力。又由于价格黏性因素能够降低通胀及利率水平的非理性波动，则该因素也必将降低巨灾事件对政府货币供应量及产出缺口的影响。由于价格黏性因素对市场价格传导的影响更多地表现出短期性特征，故中长期内货币政策能够充分消化价格黏性对宏观经济的影响，因此，该因素对通货膨胀、货币供应量及实际利率恢复时间的影响相对较小。

总体来讲，巨灾风险对我国宏观经济的风险传导主要体现在实体经济与资本市场两个方面。结合最近的国际金融危机事件对我国宏观经济影响的实际情形，可以看出：我国 GDP 同比增速由 2007 年的 14.2% 降至 2009 年的 9.4%，下降比例达到 33.8%，之后出现止跌回升，2010 年上升至 10.6%，上升比例为 12.8%；固定资产投资增速从 2007 年的 24.8% 持续上升至 2009 年的 30%，2010 年大幅下降至 12.06%；就业人数保持平稳，危机前后的增长率均在 0.3% 附近波动；社会消费品零售总额增长率从 2007 年的 18.2% 上升为 2008 年 22.7%，2009 年大幅下降至 15.9%，2010 年止跌回升至 18.8%。该情形与本节结论相比可知：首先，危机期间我国 GDP 增速运行趋势与本节结论基本一致，而波动幅度高于文中数值模拟结果，投资增速受政府财政政策影响，危机期间大幅上升，之后快速回落，这与本节结论较为一致；其次，危机期间我国就业人数并未出现显著下降，这主要得益于我国财政与货币政策的及时性与有效性，使得居民就业仍保持平稳上升的态势，这与模拟结论存在一定的差异；最后，危机期间我国消费增速保持先下降后上升的运行特征，这也与本节结论较为一致。总之，巨灾事件的风险传导是国内外众多相关因素共同作用的结果，将货币政策与财政政策因素引入巨灾风险模型，能够在一定程度上为政策效果预判提供参考，同时为政府的措施制定提供一定的理论依据。

（6）巨灾情境下价格黏性因素的影响机理分析

价格机制是市场机制中的基本机制。新凯恩斯主义者认为，垄断企业拥有商品价格制定的决定权，菜单成本降低了企业根据市场进行价格调整的积极性，从而使得商品价格出现了黏性特征。显然，由于我国经济处于高速发展期，垄断企业在我国许多行业（如石油、电信等）仍普遍存在，这就导致我国宏观经济的周期波动与商品价格黏性息息相关，也使该因素对我国经济在应对巨灾风险冲击时的弹性产生重要影响。

1997年东南亚金融危机、2008年次贷危机两次事件均对我国宏观经济的持续平稳运行产生重要影响，从相关产业的发展路径来看，具有垄断特征的产业在应对危机时表现得更为坚挺（如电信、金融行业），相关企业的业绩受到的冲击相对有限，而对于接近完全竞争状态的产业受到巨灾事件的冲击相对较大，其对外部冲击的抵御能力显著下降（如服装业等）。显而易见，价格黏性机制在一定程度上降低了巨灾风险向垄断行业的扩散速率，进而使得该行业相关企业能够在遭遇巨灾冲击时进行更充分的准备，并通过制定垄断价格获取超额利润，最终达到减弱或完全规避巨灾风险的目的。相反，在相对处于完全竞争状态的产业部门，商品价格完全由市场决定，此时巨灾事件对产品市场的冲击将直接传导至商品价格上，进而快速对企业生产构成影响。本节正是基于这一观点，构建包含价格黏性因素的DSGE模型，探究巨灾情境下该因素对我国宏观经济的作用机制及动态影响，以期为巨灾情境下的政策制定提供一定的经验证据（见图2－11）。

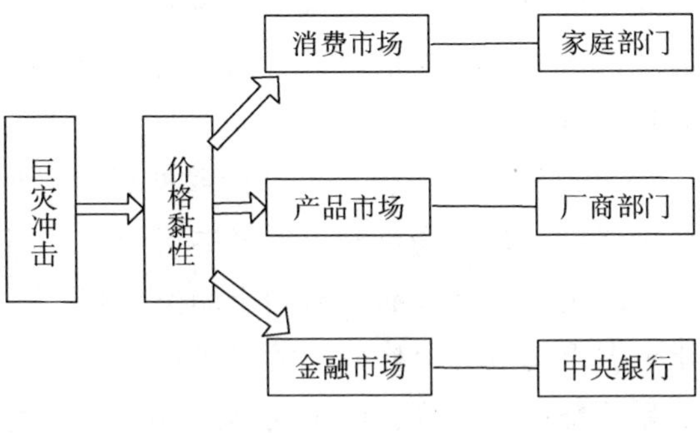

图2－11　巨灾情境下价格黏性因素影响路径图

2.3.4　研究结论

本节通过构建包含巨灾风险因素的新凯恩斯动态随机一般均衡模型，并采用贝叶斯方法对参数进行估计，考察巨灾风险的宏观经济动态效应及传导机制，研究结果发现：

第一，巨灾事件在不同政策机制下对各经济变量的冲击效应存在较大差异。货币政策在提升宏观经济的整体防御能力方面显著优于财政政策与无政策因素两种情形，特别是在稳定就业水平方面更为有效；同时，货币政策机制能够显著缩短产出、消费及投资的复苏时间，而财政政策机制与无政策因素两种情形在该方面的作用效果不显著。

第二，价格黏性因素短期内能够有效缓解巨灾事件对产出、消费及就业的冲击，同时一定程度上降低了巨灾情境下社会的总体利率水平，而对企业投资的作用效果并不明显；从中长期来看，价格黏性因素对宏观经济复苏周期的影响不显著，且在一定程度上抑制了企业的投资扩张。巨灾损失比例变动对产出、消费等多数经济变量具有明显影响，而对通货膨胀的作用不显著。

第三，较强的价格黏性能够有效促进企业对生产技术的充分运用，并显著降低社会通胀水平；该因素提升了生产技术在企业发展中的持续时间；适度的价格黏性使货币政策能够有效刺激企业的投资及产出规模，提升了货币政策在宏观经济中的持续时间，但对居民消费具有一定的抑制作用。

基于上述结论，本节提出以下两方面的政策建议：一是政策机制方面，应关注政策因素在巨灾风险防范中的重要性，针对不同性质的巨灾事件，应采取积极的货币政策与财政政策，通过增加货币供应、改变利率水平及提升财政支出比例等方式减缓巨灾事件对宏观经济的冲击，并建立相应的激励机制缩短经济的复苏时间；二是价格机制方面，应加强由生产端向销售端价格传导时滞所产生的价格黏性的有效管理，在特定的巨灾情境下，保持一定程度的价格黏性，有利于降低巨灾风险的传导效率，减轻企业的融资压力，并有效保持企业在极端情境下的经营活力。

第 3 章

巨灾情境下石油价格冲击的宏观经济动态效应

随着经济日益全球化，国际原油价格对我国宏观经济的影响也在持续增强。据中国海关总署的数据统计，2017 年我国原油进口量突破 4 亿吨，较 2016 年上升 10.1%，中国经济对进口石油的依赖程度在近年来也显著提升，国内石油对外依存度从 2008 年的 49% 上升至 2017 年的 67.4%。同时，我国政府在 2015 年、2017 年相继推出《中共中央　国务院关于推进价格机制改革的若干意见》和《关于全面深化价格机制改革的意见》，文件中指出要推动价格改革向纵深发展，加快完善主要由市场决定价格机制，形成要素自由流动、价格反应灵活、竞争公平有序、企业优胜劣汰的市场价格环境。可以发现，加强价格机制调控已成为促进我国经济增长和应对国际系统性风险的重要方式。在此背景之下，研究国际油价波动对我国经济的作用机制及影响效果将显得尤为重要。基于此，本章从石油价格的视角构建动态随机一般均衡模型，通过深入考察油价波动对我国相关企业的生产运营模式以及家庭消费观念的影响，分析国际油价暴涨暴跌对我国宏观经济中的传导路径与动态影响，进而寻求防范石油等大宗商品价格波动所引致的经济系统风险的途径与方法，为我国政府制定相关的政策措施提供参考。

3.1 引言与文献回顾

21 世纪以来，我国石油进口规模逐年攀升，2013 年，我国首次超越美国成为全球第一大进口国，截至 2015 年，我国石油进口依存度已接近 60%，石油消耗量达到 5.19 亿吨，而国内原油产量仅为 2.11 亿吨。具体来讲，我国石油消费主要包括两个方面：一是石油工业消费，主要用于石油燃料、石油溶剂、化工原料、石油沥青以及润滑剂等方面；二是石油家庭消费，主要用于汽车消费。据公安部统计，截至 2014 年 11 月，我国汽车保有量达到 1.54 亿辆，仅次于美国，位于全球第二位，并且随着我国城镇化进程的不断推进，汽车需求在未来数年仍将保持快速增长，家庭石油消费在石油需求中的比重将不断上升。总体来讲，随着我国工业总产值的持续上升，石油消费需求和石油价格对我国宏观经济波动的影响将日趋明显，同时，由于石油家庭消费的重要性日渐突出，将石油需求划分为石油工业需求和石油家庭需求，分别探讨两种形式下石油价格波动对宏观经济的影响，将有助于我国宏观经济政策的制定更具有针对性和时效性，从而能够更为有效地防御国际石油价格波动对我国经济的影响。

近年来，国际油价暴涨暴跌，振幅巨大。如 2014 年 7 月—2016 年 2 月，国际油价从最高的 112.24 美元/桶下跌至 26.06 美元/桶，跌幅达到 75% 以上；之后，原油价格持续上涨，截至 2018 年原油价格涨至 67.76 美元/桶，涨幅高达 257%。我国作为石油净进口国，且我国国内原油定价已基本与国际市场接轨，这将使得我国国内油价必将跟随国际原油价格的变化而变化。关于石油价格对我国宏观经济的影响机制，主要包括以下几个方面：

第一，由于我国工业生产能力的持续增长，油价波动会对诸多行业的产业链上下游产生影响，进而对相关企业的经营带来较大的不确定性。如油价上涨将使得石油开采业等上游行业成为最为直接的受益者，同时石油替代品如煤炭资源等也会由于价格联动效应而获益，而对于航空业、物流运输业等燃油成本较高的行业是不利的，将会提高其运营成本。因此，油价波动对企业生产运营的影响主要体现在以下两个方面：一方面，国际油价波动影响相关企业的生产经营与财务预算，进而对企业的大额采购或相关投资产生影响，最终对经济产生影响；另一方面，国际油价波动与下游产业的经济运行周期关系密切，油价波动对下游产业的景气周期具有显著影响，使得下游企业景气周期持续时间及峰值位移出现变化。同时，油价波动在一定程度上加速了我国的产业结构转型，从而影响我国经济。

第二，国际油价波动将使我国面临较大的通货膨胀风险。从我国的宏观经济数据可以看出，国际油价上涨对我国的整体物价水平影响显著，而油价下跌的影响相对较弱，这将导致我国经济面临较大的通货膨胀压力。同时，由于原油作为国际贸易影响最大的大宗商品，其价格波动我国物价水平的影响远超其他商品。因此，国际油价上涨将直接推动我国原油化工产品的涨价，进而带动能源行业涨价，而后使得能源消耗较多的工业领域成本上升，最终将导致全社会生产生活成本的整体提升。若这一现象持续出现，将会进一步加剧人们的通货膨胀预期，进而转化为实际的通货膨胀。

第三，石油作为一种重要的大宗商品，具有较强的金融属性，其价格的大幅波动对我国资本市场产生扰动，进而影响我国经济的平稳运行。一方面，国际油价波动使得相关企业盈利状况不稳定，进而降低投资者对企业未来发展前景的心理预期，对其投资行为产生影响；另一方面，国际油价波动通过期货市场的价格传导，使现货市场的价格风险向资本市场过渡，这在一定程度上提升了风险的扩散速率与影响范围，进而使相关企业的生产经营受到影响，对宏观经济产生负面作用。

总而言之，由于我国原油进口规模远大于出口规模，使得我国石油对外依存度的日益提升，国际油价波动对我国宏观经济的影响也将不断增强。在此背景之下，我国政府应采取积极的货币政策，降低国际油价波动对我国通货膨胀的影响。同时，改善我国石油产业链上下游企业的相关补贴及激励机制，降低相关企业的原油采购成本。此外，应加强原油期货建设，完善国内石油价格的定价机制，在一定程度上削弱国际油价对我国宏观经济的冲击。

国际原油价格的暴涨暴跌严重不利于宏观经济的正常运

行。这主要基于以下三个方面：其一，从企业生产的视角来看，石油作为许多企业的工业原料，其价格的宽幅波动扰乱了石油工业自身的运行周期，严重影响了相关企业的财务与生产经营预算，从而提升企业的生产成本，降低其利润水平，进而影响宏观经济的平稳运行；其二，由于我国汽车保有量的持续上升，使得家庭消费也在一定程度上受到石油价格波动的影响；其三，石油作为一种重要的大宗商品，具有较强的金融属性，其价格的不稳定必将引起全球资本市场的大幅震荡，进而影响大宗商品价格乃至宏观经济的正常运行。面对这种现状，政府应如何应对国际油价暴跌向国内经济的不利传导，从而削弱其对我国宏观经济的冲击，并制定有效的政策措施？基于以上问题，本书采用动态随机一般均衡方法，探究并量化国际原油价格暴跌对我国宏观经济的动态效应，进而提出相应的政策建议。

参考 Segal（2007）以及 Kilian（2010）的研究可知，石油价格主要通过两种途径对宏观经济产生影响：其一，从供给层面来看，油价上涨导致相关企业采购成本上升，进而导致产出规模下降，经济增长放缓，同时也会引起产业结构出现调整，结构性失业出现，宏观经济景气度下降；其二，从需求的层面来看，油价上涨提升社会的总体通货膨胀水平，进而使得居民实际收入下降，总消费出现萎缩，同时，油价上升也会引起居民对石油类消费品（如汽车）的需求降低，降低其风险偏好程度，“谨慎性储蓄”规模上升。

关于石油价格冲击对宏观经济影响的相关研究，较早的有 Rasche & Tatom（1981）、Bruno & Sachs（1982）等通过假定石油价格持续性上涨，探究其对宏观经济的动态效应；之后，Hamilton（1983）、Bernanke et al.（2001）基于“二战”后的石油价格波动数据，分析油价变动与美国宏观经济的相关性，并得出油价波动对宏观经济的影响是不对称的；Haltiwanger（2001）研究石油价格冲击对宏观经济波动的影响，结论显示石油冲击能够解释就业波动的20%—25%；Hamilton（2003，2009）、Segal（2007）从货币渠道研究石油价格对宏观经济的影响，研究结果显示，油价波动通过两个方面影响经济状态：一是油价高企使通胀水平上升，进而导致实际货币量下降，实际利率上升，对宏观经济产生负效应；二是政府部门采取的紧缩货币政策应对通胀，导致油价上涨对宏观经济的冲击进一步加强等。也有部分学者考察导致国际油价波动的影响因素，如Singleton（2014）、Kilian & Murphy（2014）均认为石油库存变动将通过石油期货改变投资者心理预期，进而加剧金融市场的投机氛围，刺激石油库存加速变动等。另外，一些学者基于中国的经济数据研究油价波动对我国宏观经济的影响，如Faria et al.（2009）研究国际油价波动与我国出口之间的关系；Du et al.（2010）基于宏观经济数据，分析1995—2008年国际油价与我国经济之间的相关关系等。

国内关于石油价格冲击对宏观经济影响的研究相对较晚。本章主要从实证计量与数值模拟两个方面对相关代表性文献进行归纳梳理。

第一，实证计量方面的文献主要包括：高东胜（2011）、吴振信等（2011）均采用VAR模型，研究油价波动对我国通胀水平以及经济增长的影响。李治国和郭景刚（2013）基于SVAR模型，分析原油批发零售市场开放前后国际油价波动对我国经济的影响，研究发现：该市场的开放加速了国际油价波动向我国经济的传导，同时油价上涨导致我国企业产出规模更大幅度的下降，并具有很强的持续性。马卫锋和赵冰洁（2014）采用VAR模型，定量分析国际油价波动与中国经济之间的关系，研究发现：线性假设条件下两者存在单向的正向关系，而非线性假设条件下两者之间的关系表现出明显的非对称性。张大永和曹红（2014）基于非对称协整模型分析国际油价波动与我国经济之间的关系，研究发现：短期内国际油价对我国经济的影响是单向的，长期内两者之间的关系呈现非对称性，且油价上涨远大于下跌时的影响。皮光林和董秀成（2014）分析了 2014 年国际油价暴跌的原因及其影响因素，研究发现：我国应加大石油战略储备，国有石油企业应加大进口规模，适度减产，推进成品油价格机制改革。张新文和高新伟（2015）分析国际油价大幅下跌对我国石油企业的影响，研究发现：国际油价短期内难以企稳反弹，油价大幅下跌将导致石油上游企业的利润快速回落，同时降低了石油投资规模。马登科和张昕（2010）、王敏等（2016）采用分别考察国际石油价格与我国外汇制度及 CPI 水平之间的相关关系；王敏等（2016）基于状态空间模型，考察国际石油价格对我国 CPI 水平的影响，研究发现：国际油价波动是导致我国 CPI 指数变化的 Granger 原因，其对 CPI 的影响效果呈现出显著的非对称性。韩立岩等（2017）从 GDP、国际贸易、美元指数等多个视角探讨国际油价波动的影响因素等等。

第二，数值模拟方面的文献主要包括：贺茉莉和孙玉妮（2008）基于 AS－AD 分析框架，研究国内油价调整滞后情况下，政府可采用的前瞻性调节策略；罗平（2015）基于 CGE 模型分析国际油价变动对我国经济的影响。研究发现：油价下跌 10% 将会一定程度上抑制我国通胀水平。曹飞（2015）构建开放经济 RBC 模型，探讨油价冲击对于我国经济的作用机制，研究发现：该模型能够模拟中国经济波动特征，并发现油价冲击对我国经济存在负向影响。张军令和魏巍贤（2017）基于动态 GTAP 模型，模拟分析国际油价波动和人民币贬值对我国经济的影响。研究发现：油价波动对我国经济的冲击较大，国际贸易在两者联合冲击造成的效应与单独油价冲击存在不同，其整体受到人民币贬值的影响较大，人民币贬值在一定程度上能够改善贸易状况。

本章的组织结构为：3.2 部分构建和求解了包含石油价格冲击的动态随机一般均衡模型；3.3 部分为模型参数的校准；3.4 部分利用脉冲响应函数分析不同冲击源对各宏观经济变量的动态效应，并总结其传导机制；3.5 部分是敏感性分析；3.6 部分考察巨灾情境下不同冲击源的宏观经济动态效应以及方差分解；3.7 部分给出结论，并提出相应的政策建议。

3.2 理论模型的构建

本章在动态随机一般均衡框架下，将石油分为石油类消费品和石油类生产原料分别引入家庭部门和厂商部门，同时石油价格也以随机变量的形式进入代表性家庭和厂商的最优化问题中，目的是研究石油价格冲击对中国宏观经济的动态影响。本章模型由代表性家庭和代表性厂商两个部门构成。其中，家庭在每一期消费两类消费品：石油类消费品和非石油类消费品，同时向厂商提供劳动和私人资本，以获得工资报酬和资本租金；厂商利用劳动、资本和石油类生产原料进行生产。

3.2.1 代表性家庭

假定经济体中包含无数个同质的家庭，且能够生存无穷期，家庭每一期在预算约束下选择非石油类消费品 C_t、石油类消费品 O_t、劳动供给 N_t 和投资 S_{t+1} 以使得其一生效用达到最大化。假设效用函数采用 CRRA 效用形式，则代表性家庭在每一期规划其消费与劳动供给以最大化一生效用，即：

$$\max_{\{C_t,N_t,O_t,S_{t+1}\}} E_0\left\{\sum_{t=0}^{\infty}\beta^t\left[\xi_t\frac{(C_t^{\gamma}O_t^{1-\gamma})^{1-\theta_1}}{1-\theta_1}-\eta\frac{N_t^{1+\theta_2}}{1+\theta_2}\right]\right\} \tag{3-1}$$

其中，E_0 表示基于 0 期信息形成的条件期望算子；$0<\beta<1$，表示主观贴现率；θ_1 表示家庭消费的相对风险规避弹性；θ_2 表示家庭劳动供给的跨期替代弹性；η 表示劳动相对于消费的权重；C_t 代表 t 期代表性家庭消费的非石油类产品；O_t 代表 t 期代表性家庭消费的石油类产品；γ 表示代表性家庭在非石油类消费品和石油类消费品之间的权衡值；N_t 表示 t 期代表性家庭的劳动供给。ξ_t 表示 t 期代表性家庭的消费偏好冲击，是一个随机变量，假定其服从 AR（1）过程，即：

$$\log\xi_{t+1}=(1-\rho_{\xi})\log\xi^{*}+\rho_{\xi}\log\xi_t+\varepsilon_{t+1}^{\xi},\ \varepsilon_{t+1}^{\xi}\sim N(0,\ \sigma_1^2) \tag{3-2}$$

在第 t 期家庭的预算约束为

$$C_t+S_{t+1}+P_tO_t=(1+r_t)S_t+W_tN_t \tag{3-3}$$

其中，P_t 表示 t 期的石油类产品的价格。

求解代表性家庭的效用最大化问题，可得一阶条件与横截性条件如下：

$$\lambda_t=\xi_tC_t^{\gamma(1-\theta_1)-1}O_t^{(1-\gamma)(1-\theta_1)} \tag{3-4}$$

$$\eta N_t^{\theta_2}=\xi_tW_tC_t^{\gamma(1-\theta_1)-1}O_t^{(1-\gamma)(1-\theta_1)} \tag{3-5}$$

$$\lambda_tP_t=\xi_tC_t^{\gamma(1-\theta_1)}O_t^{(1-\gamma)(1-\theta_1)-1} \tag{3-6}$$

$$\xi_tC_t^{\gamma(1-\theta_1)-1}O_t^{(1-\gamma)(1-\theta_1)}=\beta E_t\left[\xi_{t+1}C_{t+1}^{\gamma(1-\theta_1)-1}O_{t+1}^{(1-\gamma)(1-\theta_1)}(1+r_{t+1})\right] \tag{3-7}$$

$$\lim E_t\beta^{t+j}\lambda_{t+j}S_{t+j}=0 \tag{3-8}$$

其中，λ_t 为约束条件式（3－3）的 Lagrange 乘子，式（3－4）的右边代表家庭 t 期消费的边际效用。式（3－5）为消费与劳动的 Euler 方程，表示 t 期家庭劳动所带来的边际损失等于消费所产生的边际效用。式（3－6）为非石油类消费品与石油类消费品的 Euler 方程。式（3－7）反映家庭消费的最优规划，即 t 期消费的边际效用等于 $t+1$ 期消费所带来效用的贴现值。式（3－8）为家庭效用最大化需满足的横截性条件。

3.2.2 代表性厂商

在完全竞争的市场中，厂商均是同质的，每个厂商具有相同的技术条件。代表性厂商通过租借私人资本和劳动，并利用石油类生产原料进行生产，则 Cobb－Douglas 生产函数的具体形式如下：

$$Y_t=A_tK_t^{\alpha_1}N_t^{\alpha_2}(P_tO_t)^{\alpha_3} \tag{3-9}$$

其中，$\alpha_1>0$，$\alpha_2>0$，$\alpha_3>0$，并且 $\alpha_1+\alpha_2+\alpha_3=1$；$Y_t$ 表示 t 期的产出；K_t 表示 t 期的资本存量；N_t 表示 t 期的劳动投入；A_t 表示 t 期外生的技术水平，是一个随机变量，假定其服从 AR（1）过程，即：

$$\log A_{t+1}=(1-\rho_A)\log A^*+\rho_A\log A_t+\varepsilon_{t+1}^A,\ \varepsilon_{t+1}^A\sim N(0,\ \sigma_2^2) \tag{3-10}$$

其中，A^* 表示技术水平的稳态值，$\{\varepsilon_{t+1}^A\}_{t=0}^{+\infty}$ 是白噪声过程（white noise process）。

本章引入一个新的冲击，即石油价格冲击 P_t，是一个随机变量，假定其服从 AR（1）过程，即：

$$\log P_{t+1}=(1-\rho_P)\log P^*+\rho_P\log P_t+\varepsilon_{t+1}^P,\ \varepsilon_{t+1}^P\sim N(0,\ \sigma_3^2) \tag{3-11}$$

厂商的资本积累方程为：

$$K_{t+1} = I_t + (1-\delta)K_t \tag{3-12}$$

其中，δ 表示资本的折旧率，I_t 表示 t 期的投资。

厂商在 t 期需要支付家庭的工资 W_t、资本租金 r_t、承担资本折旧率 δ，所以利润最大化问题可表达为：

$$\max_{\{K_t, N_t\}} \pi_t = Y_t - W_t N_t - (r_t + \delta) K_t \tag{3-13}$$

求解该最优化问题，可得如下关于 K_t 和 N_t 的最优一阶条件：

$$r_t = \alpha_1 A_t K_t^{\alpha_1 - 1} N_t^{\alpha_2} (P_t O_t)^{\alpha_3} - \delta \tag{3-14}$$

$$W_t = \alpha_2 A_t K_t^{\alpha_1} N_t^{\alpha_2 - 1} (P_t O_t)^{\alpha_3} \tag{3-15}$$

3.2.3　市场出清

当市场达到出清状态时，有以下式子成立：

$$S_t = K_t \tag{3-16}$$

$$C_t + I_t + P_t O_t = Y_t \tag{3-17}$$

3.2.4　均衡系统

给定经济中家庭消费偏好、厂商技术水平和资源约束、状态变量 $\{C_{t-1}, K_{t-1}, N^*, A_{t-1}, O_{t-1}\}$，以及偏好冲击、技术冲击及石油价格冲击 $\{\xi_t, A_t, P_t\}$，当经济达到均衡状态时，代表性家庭实现效用最大化、代表性厂商实现利润最大化，并且消费品市场、资本市场以及劳动力市场均出清。

3.2.5　巨灾情境的引入

参考 Barro（2006）、陈国进等（2014），假定巨灾情境下灾难性事件对宏观经济的冲击分别作用于生产技术及石油价格方面，即巨灾冲击不仅对人力资源配置、专利技术等无形资产构成影响，也必将导致石油供给与需求的剧烈变化，进而对石油价格产生影响，具体设定为：

$$\log A_{t+1} = (1-\chi_1)(1-\rho_A)\log A^* + \rho_A \log A_t + \varepsilon_{t+1}^A,\ \varepsilon_{t+1}^A \sim N(0,\ \sigma_2^2) \tag{3-18}$$

$$\log P_{t+1} = (1-\chi_2)(1-\rho_P)\log P^* + \rho_P \log P_t + \varepsilon_{t+1}^P,\ \varepsilon_{t+1}^P \sim N(0,\ \sigma_3^2) \tag{3-19}$$

其中，χ_1、χ_2 分别表示巨灾情境下生产技术水平与石油价格的变动比例。

3.3 参数校准

本章参数结合中国宏观经济真实数据和已有文献的研究进行校准选取。

3.3.1 消费和劳动供给的相对风险规避系数 θ_1 和 θ_2

黄赜琳（2005）根据居民消费行为建立计量模型估算出消费的相对风险规避系数取值范围为 0.7 - 1.0，本章的校准结果为 $\theta_1 = 0.84$，θ_2 的研究结果差异较大，胡永刚和郭新强（2012）基于效用函数形式和稳态平衡路径校准得到 θ 的取值为 2 或者 3，根据本章效用函数形式的设定，校准得到 $\theta_2 = 3$。

3.3.2　劳动相对于消费的权重 η、家庭在非石油类消费品和石油类消费品之间的权衡值 γ

采用武晓利和晁江锋（2014）的估算方法，从社会计划者的角度求解家庭效用最大化问题，可得 η 的取值为 0.45；参考柳明和宋潇（2013），权衡值 γ 校准为 0.75。

3.3.3　资本折旧率 δ 与效用贴现因子 β

一是资本折旧率，国外的相关研究对资本折旧率的估计值一般在 0.1 左右，基于中国的宏观经济数据及产业结构特征，参考黄勇峰和任若恩（2002）对我国制造业折旧率的估计值 0.17，校准为 0.11。二是贴现因子，本章根据 1979—2015 年的 CPI 指数数据进行估计，可得 β 取值为 95%。

3.3.4　技术水平均衡值的 A^*、劳动供给 N^* 以及资本产出弹性、劳动产出弹性和石油类生产原料产出弹性 α_1、α_2 和 α_3

技术水平只存在水平效用，没有波动影响，本章校准为 1；根据 Hansen（1985）的不可分劳动模型，由于我国的 8 小时工作制以及双休日制度均与美国情况类似，故 N^* 校准为 0.34；参考孙宁华和江学迪（2012），三种弹性系数的取值分别校准为 $\alpha_1 = 0.40$，$\alpha_2 = 0.45$，$\alpha_3 = 0.15$。

3.3.5 生产技术冲击、消费偏好冲击及石油价格冲击的一阶自回归参数 ρ_ξ、ρ_A 和 ρ_P

由于四种冲击在两期之间均存在一定的连续性，尤其是生产技术冲击的连续性更强，参考黄赜琳（2005）、李春吉等（2010）以及陈国进等（2014），将其分别校准为 $\rho_\xi=0.75$，$\rho_A=0.85$ 和 $\rho_P=0.75$（见表 3－1）。

表 3－1　参数校准值

参数	θ_1	θ_2	η	γ	δ	β	A^*	N^*	α_1
值	0.84	3	0.45	0.7	0.11	0.95	1	0.34	0.4
参数	α_2	α_3	ρ_ξ	ρ_A	ρ_P				
值	0.45	0.15	0.75	0.85	0.75				

3.4 动态效应及传导机制分析

在这里，从三个方面分析包含家庭石油消费与厂商石油消费的双重因素 DSGE 模型中宏观经济的动态效应：一是基于近期国际原油价格暴跌的特定事实，分析负向的石油价格冲击对宏观经济的影响；二是考虑到生产技术水平在宏观经济中的重要性，分析正向的技术冲击在该经济体中的动态影响；三是基于我国经济转型期间消费偏好的显著变化，研究正向的消费偏好冲击对宏观经济的动态效应，并在上述分析的基础上，分别阐述其相应的传导机制。

3.4.1　石油价格的经济效应分析

图 3－1 描述了 1% 单位负向的石油价格冲击下各宏观经济变量的动态变化路径。可以发现，产出在冲击发生当期立即负向偏离，之后快速反弹，第 2 期达到负向偏离的最大值，随后逐步回归，大约在 11 期回归到初始状态；企业投资与居民就业均在短期偏离均衡值之后快速恢复，两者受到石油价格的影响相对较小；家庭非石油消费在冲击发生的当期立即负向偏离初始状态，第 2 期后开始向初始状态回归，大约在 8 期左右回归到初始状态；家庭与厂商石油消费在冲击发生后立即达到正向偏离的最大值，之后向初始状态回归，约在 18 期左右回归到初始状态。

具体来讲：①从企业生产的视角来看，石油价格的负向波动在初始期对企业产出规模及投资具有一定的负面效应，但并未表现出明显的持续性，而对资本存量的负面影响及程度均高于前两者。这是因为我国企业对石油等工业原料的采购更多地采用合同制的方式，这将导致国际油价的短暂下跌并不会显著改善相关企业的石油采购成本，从而对企业产出及投资规模的影响较为有限。②从家庭消费的视角来看，油价的负向波动提升了居民的石油消费量，同时在一定程度上降低了居民的非石油消费；这是因为家庭的石油消费表现出刚性特征，故油价下跌对居民的石油消费的影响较为显著，同时由于家庭总消费规模与收入水平及文化传统相关度较高，短期内基本不发生较大变化，从而由于挤出效应的存在导致居民非石油消费的出现一定程度的下降。

通过脉冲响应变化分析，可知动态效应的传导机制如下：①石油价格下跌短期内削减企业投资动力，使产出规模出现一定程度的回落，同时居民就业在短期上升之后也快速下降；②由于挤出效应的存在，石油价格下降带动家庭石油消费量显著上升，非石油消费快速下降，同时厂商石油消费在短期内也出现明显上升。

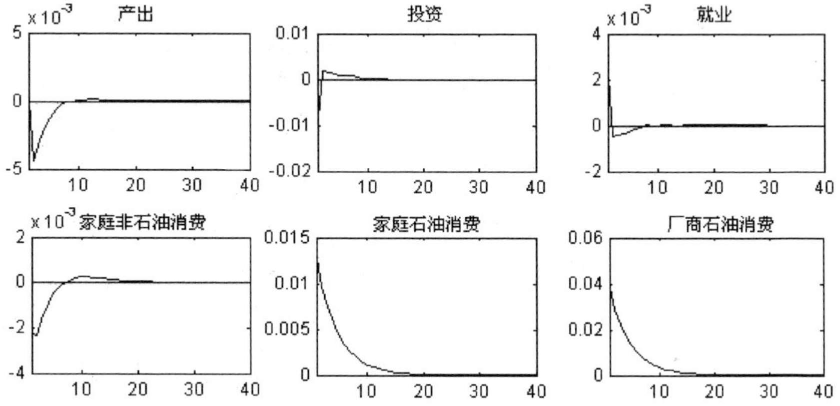

图 3-1　石油价格冲击的脉冲响应图

3.4.2　生产技术的经济效应分析

图 3-2 描述了 1% 单位正向的技术冲击下各宏观经济变量的动态变化路径。可以发现，产出规模从第 2 期开始正向偏离初始状态，并分别在第 5 期和第 6 期达到正向偏离的峰值，之后缓慢向初始状态回归，并在 35 期左右回归到初始状态；投资和就业在冲击发生的当期小幅上升，并在第 2 期快速达到正向偏离的峰值，之后逐步向初始状态回归，分别在 20 期和 25 期回归到初始状态；家庭非石油消费、家庭石油消费及厂商石油消费立即正向地偏离初始状态，在第 3 期急速正向偏离，并在第 7 期附近达到正向偏离的峰值，之后缓慢地向初始状态回归，大约在 38 期左右回归到初始状态。

具体来讲：①从企业生产的视角来看，全要素生产率改善对企业产出、资本存量及企业投资具有持续的正效应，且对资本存量的影响最为显著，但其作用时间存在一定差异，如全要素生产率对企业产出与资本存量的作用时间相对较长，分别达到 40 期和 35 期，而对企业投资的作用时间较短，仅 16 期左右。这是因为全要素生产率改善提升了企业的生产效率，进而扩大其生产规模，并带动资本存量的上升，最终促进了企业的再投资行为。②从家庭消费的视角来看，全要素生产率提升同时刺激了居民的石油消费和非石油消费，且对非石油消费的影响程度更大。这是因为全要素生产率改善提升了企业的盈利水平，进而使得家庭收入增加，加大了居民消费倾向，同时由于家庭石油消费更多地体现为刚需消费，且占比相对较低，故其增长幅度小于非石油消费量。

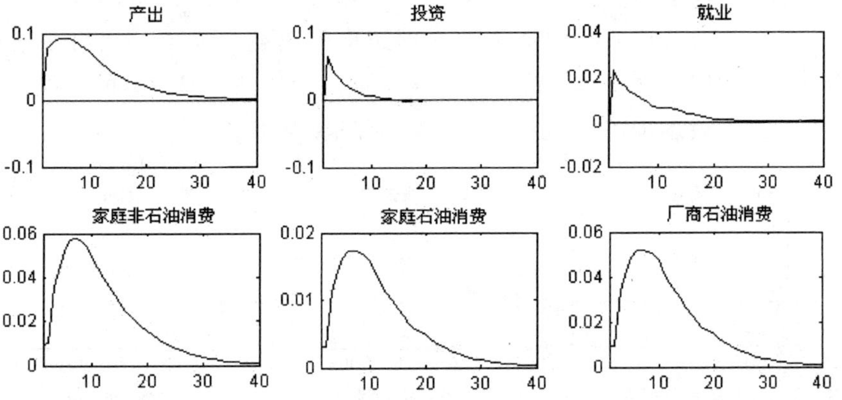

图 3-2　技术冲击的脉冲响应图

通过脉冲响应变化分析，可知动态效应的传导机制如下：①生产技术改善必然带动企业生产效率的提升以及边际产出的增加，从而使得企业资本积累的上升，并刺激企业的进一步投资和总体就业水平的改善；②生产技术改善在提升企业生产规模的同时，也促进企业盈利水平的进一步上升，从而使居民财富不断增加，总消费水平（石油消费和非石油消费）出现显著好转。

3.4.3 消费偏好的经济效应分析

图 3－3 描述了 1% 单位正向的偏好冲击下各宏观经济变量的动态变化路径。可以发现，产出规模在冲击发生的当期立即正向偏离初始状态，之后快速回归，第三期已经负向偏离初始状态，并在第 6 期达到负向偏离的低谷，然后缓慢回归，约 20 期回到初始状态；企业投资立即负向偏离初始状态，第 2 期快速向初始状态回归，之后回归速度相对放缓，在第 7 期达到初始状态；就业在冲击发生时立即达到正向偏离初始状态的最大值，之后向初始状态逐步回归，并在 15 期左右回归到初始状态；家庭非石油类消费品和石油消费及厂商石油消费均立即正向偏离初始状态，之后快速回归，并持续下降，均在第 7 期附近达到负向偏离的低谷，之后逐步回归，在 20 期左右回归到初始状态。

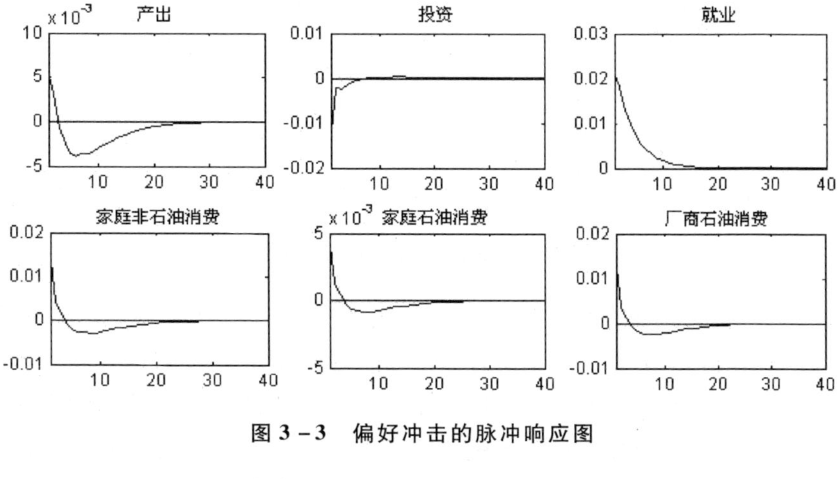

图 3－3 偏好冲击的脉冲响应图

通过脉冲响应变化分析，可知动态效应的传导机制如下：①消费偏好上升刺激通货膨胀回暖，进而使得企业原材料采购成本上升，导致其产出规模下降以及再投资积极性下降；②通货膨胀初期的宏观经济一般保持繁荣状态，故居民就业水平在短期内维持较高水平，随着通胀的不断攀升，厂商投资规模下滑明显，就业也出现显著下降；③消费偏好的上升拉动家庭的总体消费水平，故家庭的石油消费与非石油消费均在短期内保持较高水平，随着通胀的上升，家庭收入缩水以及就业水平下降，使得总消费水平（石油消费与非石油消费）出现回落；厂商石油消费高位回落更多地收到企业产出规模变动得影响，两者基本保持同趋势状态。

3.4.4　敏感性分析

图 3－4 分别给出了石油价格在初始水平、上升 15% 与上升 30% 三种情形下，价格冲击对各宏观经济变量的动态效应。可以看出：①从企业生产的视角来看，石油价格上涨 15% 对企业产出、资本存量及企业投资影响甚微；油价上涨 30% 使得三者上升幅度显著加大；这是因为石油作为企业的一种重要生产原料，其价格小幅上升并不能够快速降低其采购量，而随着油价的大幅上涨，企业财务预算将难以持续支撑高成本生产经营，进而刺激企业寻求石油替代品。②从居民消费的视角来看，一方面，由于家庭对石油的消费主要集中于汽车消费，其占家庭总消费的比重相对较低，故当石油价格上涨 15% 时，家庭非石油消费量变化不显著，直至油价上涨 30%，才对家庭非石油消费量构成较大影响；另一方面，油价上涨 15% 对家庭石油消费的影响相对比较显著，且随着油价的持续上升，其影响程度越来越大。这是由于目前我国新能源汽车尚未普及，汽车燃油难以找到合适的替代品，故其价格上涨必然使家庭降低汽车使用量，进而削减石

油消费。③从影响时间来看，当石油涨幅较低时，其对企业产出、资本存量、居民非石油消费及企业投资的影响相对较小，故作用时间基本保持不变；当油价上升幅度达到30%时，企业生产规模、居民非石油消费、资本存量及投资均出现快速上升，且影响时间也大幅延长，油价上涨对于企业与居民石油消费的影响更为显著。

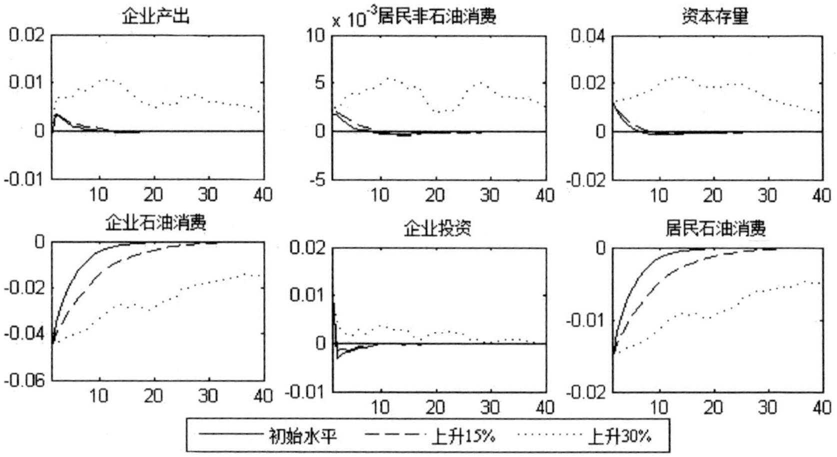

图 3－4　石油价格冲击的敏感性分析

3.5 巨灾情境模拟及方差分解

基于近期国际原油持续暴跌的特征事实，本部分主要分析巨灾情境下石油价格冲击与生产技术冲击对厂商生产、投资、居民就业以及家庭与厂商石油消费的动态效应。在这里，假设巨灾情境下石油价格与生产技术水平下跌幅度分别达到 15% 与 30% 两种情形。最后，简要探讨三种冲击源对石油类消费品波动的贡献比例。

3.5.1　巨灾情境下石油价格冲击的动态效应

图 3－5 描述了巨灾情境下石油价格分别下降 15% 与 30% 对宏观经济以及石油类消费品的影响。由图 3－5 可以看出：①从对宏观经济的影响来看，石油价格下跌 15% 对企业产出规模、企业投资以及居民就业的影响相对较小；然而，当石油价格下跌幅度达到 30% 时，产出规模出现大幅回落，且在中长期均保持较低的水平，同时，企业投资水平也出现一定程度的下降；这反映出石油价格维持在合理区间并不会导致宏观经济的大幅波动，而石油价格暴跌对经济的负效应是非常显著的；②从石油行业消费来看，石油价格下降 15% 对家庭非石油消费的影响相对较小，而从中长期能够有效提升家庭与厂商的石油消费水平；当价格下降达到 30% 时，家庭非石油消费出现显著下降，且在长期内均保持较低水平，同时，家庭与厂商石油消费大幅增加，且在长期内保持较高水平。

具体来讲：①从企业生产的视角来看，石油价格下跌 15% 时企业产出及投资水平变动较小，资本存量水平出现小幅上升，当油价下跌 30% 时，企业生产受到的影响也相对较小；这是因为石油作为一种生产原料，其刚性需求使得其价格下降并不能够快速提升其采购量，这也使得企业生产成本下降表现不明显，最终并未因此提升其生产规模与投资水平。②从居民消费的视角来看，由于家庭对石油的消费主要集中于汽车消费，其占家庭总消费的比重相对较低，故当石油价格下降 15% 时，家庭非石油消费量变化不显著，直至油价下降 30%，一方面由于替代效应的存在，才对家庭非石油消费量构成较大影响；另一方面，油价下跌对家庭石油消费的影响相对比较显著，且随着油价的持续下降，其影响程度持续扩大，这是由于目前我国新能源汽车尚未普及，汽车燃油能以找到合适的替代品，故石油作为一种刚性需求，其价格下跌必然使得家庭提升石油消费量。③从影响时间来看，石油下跌对企业产出、资本存量及投资规模的影响相对较小，故复苏时间并未发生显著变化。然而，油价下跌对家庭消费的影响相对较大，居民非石油消费量出现一定幅度下降，其复苏时间也出现缩短。

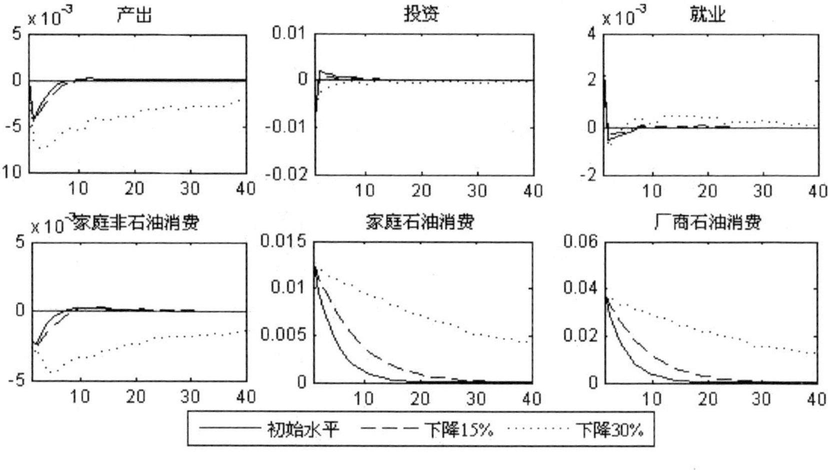

图 3－5　巨灾情境下石油价格冲击的动态效应

基于上述分析，可得以下几点结论：①石油价格暴跌对宏观经济的负面作用极大，特别是对于企业产出规模的影响；②石油价格的小幅下降并不能够带动家庭消费观念的转向，从而使家庭非石油消费水平仍保持原有水平；③石油价格暴跌对家庭非石油消费的影响显著，这反映出家庭石油消费观念会随着石油价格的持续下降而发生变化；④石油价格对家庭和厂商石油类消费的影响是非常显著的，价格下降

15% 与 30% 均导致石油消费的快速上升，且影响的持续性不断加大。

3.5.2　巨灾情境下技术冲击的动态效应

图 3－6 描述了巨灾情境下生产技术水平分别下降 15% 与 30% 对宏观经济以及石油类消费品的影响。由图 3－6 可以看出：①从对宏观经济的影响来看，生产技术水平的下滑对企业产出的影响较为明显，对企业投资的影响不显著，同时导致居民就业的波动进一步加大，且就业总体水平出现较大幅度的下滑，且随着生产技术下降幅度的增大，使得宏观经济下滑速率较石油价格冲击更为平缓；②从石油行业消费来看，生产技术下降使得家庭非石油消费、家庭与厂商石油消费均出现一定幅度的回落，这反映出企业生产技术的下滑导致居民就业水平的下降以及家庭财富的缩水，从而使得家庭总体消费下降，同时厂商利润水平的缩减导致厂商石油消费量也出现回落。

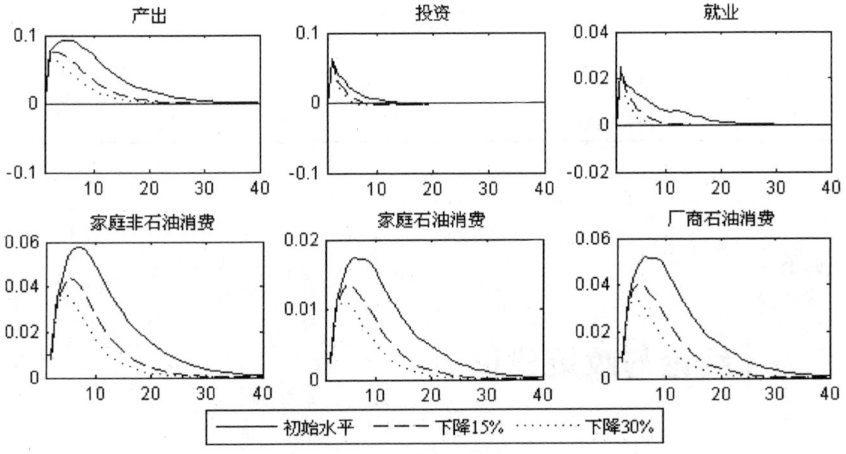

图 3－6　巨灾情境下技术冲击的动态效应

3.5.3 方差分解

表 3－2 给出了不同冲击源对石油消费波动的贡献比例。可以看出，第 1 期石油价格冲击对石油消费的影响最为明显，达到 86.74%，偏好冲击与技术冲击的影响相对较小；随着时间的推移，第 5 期技术冲击对石油消费波动的贡献比例大幅提高，并超过石油价格对石油消费的影响，偏好冲击的作用更加微弱；推进至第 10 期和第 20 期，技术冲击对石油消费波动的影响持续上升，分别达到 82.01% 与 87.02%，而偏好冲击和石油价格冲击的贡献比例持续下降。总体而言，石油价格对石油消费的影响表现为短期性特征，生产技术对石油消费波动具有中长期影响，偏好冲击的作用不显著。

表 3－2　石油消费波动的方差分解

时期	技术冲击	偏好冲击	石油价格冲击
1	3.40%	9.86%	86.74%
5	58.74%	2.33%	38.94%
10	82.01%	1.20%	16.80%
20	87.02%	0.94%	12.04%

3.6 结论与政策建议

本章构建一个包含石油价格因素的动态随机一般均衡

（DSGE）模型，通过将石油消费细分为家庭石油消费与厂商石油消费，并分别引入家庭和厂商的最优规划中，研究石油价格、消费偏好及生产技术等外生变量对我国宏观经济以及家庭与厂商石油消费的动态影响。研究表明：①石油价格短期内对产出具有一定的负效应，对投资以及就业的影响较小。然而，随着石油价格的暴跌，其对宏观经济的负面作用极大，特别是对于企业产出规模的影响表现出显著的持续性。②石油价格的下降能够在短期内提升家庭与厂商的石油消费量，对家庭非石油消费的影响相对较小，且从中长期来看，对三者的影响并不显著。然而，石油价格的暴跌使家庭非石油消费快速下降，家庭与厂商石油消费大幅上升，且均表现出明显的持续性。③生产技术水平的提高对厂商产出、投资和就业均具有正效应，且同时提升家庭的总消费水平（石油消费与非石油消费）以及厂商的石油消费；巨灾情境下生产技术水平的下降导致宏观经济的下滑速率较石油价格暴跌相对平缓，且使家庭与厂商的石油消费也出现相对匀速的下降。④消费偏好的提升仅对产出规模、企业投资以及居民就业存在短期的刺激作用，且对家庭非石油消费、家庭与厂商石油消费的影响相对较小。⑤基于方差分解结果，短期内石油消费受到石油价格的影响较大，而中长期内生产技术决定了石油消费的总体规模。

本章结论为研究国际原油价格暴跌对宏观经济以及石油消费的影响提供一定的理论支持。虽然生产技术创新是宏观经济持续增长以及石油需求的根本动力，但不能仅限于此。在全球石油价格暴跌的宏观背景下，研究石油价格变动对宏观经济与石油消费的影响显得尤为重要。鉴于此，在本章的研究基础上，拟从以下几个方面提出政策建议：

第一，加强石油市场价格机制监测，提升企业的风险控制能力。一方面，从微观视角上应加强企业自身的财务预算能力，合理评估国际油价变动及其风险，积极使用套期保值等相关手段，将风险控制在一个合理的范围内；另一方面，从宏观视角上来看，政府应提升调价参考基准发布的及时性与准确性，进一步完善成品油价格机制，进而提高企业对生产与财务预算的精确度，降低国际油价波动带来的不确定性风险。

第二，降低石油消费依存度，大力推广新能源使用。首先，应支持企业转变以前的粗放型生产模式，积极鼓励生产技术更新，提高石油利用效率，改善高耗能、低产出的生产现状；其次，由于石油是一种不可再生能源，石油消费量的加大必然导致供需矛盾的加剧，故我国政府应积极研发替代能源，大力推广新能源的使用，降低我国经济的石油依存度；最后，从大气环境的角度出发，政府应根据我国企业与家庭的石油消费特征制定有针对性地环保政策，同时对新能源使用加大补贴力度，从政策机制上改善全社会的石油消费份额。

第三，加强原油期货市场建设，完善国内石油定价机制。一方面，原油期货的价格发现功能能够及时反映供求双方对石油价格的心理预期，同时价格投机者的参与也能够更好调节石油价格变化，这将有利于企业制定合理的生产规划方案，降低生产成本，提高企业产品的竞争力与企业营利能力，降低国际油价波动对我国宏观经济的影响；另一方面，原油期货的套期保值功能有利于企业合理安排生产预算与财务预算，降低国际油价波动的不确定性风险对企业生产经营的影响，提高我国相关企业的风险抵御能力。

同时，在实现上述建议的基础上，应进一步关注以下几个方面：第一，在充分发挥市场定价功能的基础上，面对油价的非理性波动，应加强政府的价格调控力度，保持能源价格的稳定性；第二，油价暴涨暴跌不利于企业安排财务与生产预算，提升企业生产成本，因此，从微观视角上应加强企业的商品价格机制管理，财务预算时对国家油价波动合理评估其风险，基于参与套期保值，将风险控制在一个合理的范围内；第三，由于油价波动对家庭消费的影响较为显著，故从居民消费的角度应鼓励新能源汽车的使用，政府应加大相关补贴力度，同时从技术研发及配套设施上进行相应的提升与完善；第四，从宏观视角来看，政府部门也应该积极提升产品市场与金融市场的信息透明度，坚持公平、公正和公开原则，为厂商部门的生产预算及产品定价提供有效的支持。

第 4 章

巨灾情境下税收政策的宏观经济动态效应

随着全球经济一体化的逐渐深入，金融风险在国与国之间的传播更加频繁，而我国作为进出口大国，国际贸易占 GDP 的比重持续加大，外部风险对我国宏观经济的影响也在不断加深。在此背景之下，如何协调外围风险与我国经济增长之间的矛盾，已引起诸多学者的广泛关注。其中，税收政策作为政府调节宏观经济的重要手段之一，其对我国经济的稳定增长有着重要的意义。本章尝试从巨灾风险的视角出发，通过构建包含税收政策因素的动态随机一般均衡模型，考察不同类型税收政策机制下巨灾风险对宏观经济的动态影响。

4.1 引言与文献回顾

改革开放以来，我国政府对税收制度的改革涉及诸多方面，一是征收管理方面，国税、地税的合并进一步加强了税收的社会治理作用，使政府部门的征税成本下降，效率显著提升；二是税制结构方面，自 2012 年的“营改增”开始，我国结构性减税逐渐深入，包括增值税税率逐级下调，对中小微企业所得税的一系列普惠性减税措施以及通过对消费税和个人所得税的调整，在改善居民收入水平的同时，引导其合理消费等。这些税收政策对我国宏观经济的可持续发展以及全社会福利水平的提升均发挥了重要的作用，并对我国经济抵御外部风险具有非常重要的实践意义。

在我国税制改革过程中，部分学者从多个视角开展税收政策与宏观经济的相关研究。如一些观点旨在比较各种税制结构对经济增长的影响，Leeper 等（2010）、Forni 和 Pisani（2012）基于多国数据验证了税制结构会影响宏观经济增长的路径；Biswas 等（2017）研究了不同收入分配点的征税模式对家庭收入的影响，并发现通过税收政策机制降低中低等收入家庭之间的收入不平等可以促进经济增长，但这种作用在中高等收入家庭之间不存在；国内学者严成樑和龚六堂（2012）基于内生增长模型，估算了不同类型税收政策对我国宏观经济的影响程度，结果发现资本所得税的征收比劳动所得税、企业所得税以及消费税具有更大的经济增长效应；黄赜琳和朱保华（2015）采用实际经济周期（RBC）模型，研究我国税收政策的经济效应，并发现劳动所得税和资本所得税税率的降低均能够促进经济增长等。

也有研究将关注的焦点集中于将税收政策与其他宏观政策相结合，考察政策组合拳对我国经济的作用机制，如贾俊雪（2012）研究我国税收政策与货币政策的协调性以及反经济周期的政策模式，并基于2008年金融危机事件进行对比分析，探讨该政策组合方式对我国宏观经济的影响。岳希明等（2014）通过考察税收制度整体表现出的累退现象，探讨税收政策对经济自动稳定效应的作用；卞志村和杨源源（2016）比较我国经济转型时期结构性减税政策与财政支出刺激政策在稳定经济增长方面的优劣；申广军等（2016）认为增值税改革的减税效应能够均衡供需水平，在较长时间内稳定经济增长等。

关于巨灾风险理论的理论研究最早始于19世纪法国学者巴斯夏的“破窗理论”，其认为巨灾事件对宏观经济的影响是短暂的，但事件发生后导致社会资源的重新配置，能够促进经济的再次飞跃。直至20世纪60年代，Kunreuther & Fiore（1966）、Hirshleifer（1966）分别研究地震灾害、对区域经济的影响，正式采用“灾害经济学”一词进行理论研究。近年来，随着东南亚金融危机、次贷危机的相继发生，该理论的相关研究再次达到一个新的高潮，如Maillet & Michel（2005）以“9·11”事件为例，分析该突发巨灾事件对相关航空公司的股票收益的影响；Gourio（2012）将巨灾风险因素引入实际经济周期理论分析框架，考察巨灾风险对美国宏观经济波动的影响；陈彦斌等（2009）、陈国进等（2014）分别基于一般均衡模型，数值模拟巨灾风险对我国宏观经济、城镇居民财产分布以及福利成本的动态效应等。

随着全球信息传播速率的不断加快，金融风险在国际上的传导已对宏观经济运行构成较大的威胁。近年来，关于金融风险的相关研究逐渐增多，我们主要从以下两方面进行展开：一是对金融风险成因的研究，主要探讨金融风险的来源及相关防范措施。如董维明和冯根福（2015）从宏微观多维度分析了各领域金融风险的成因，进而研究国家审计对金融风险的防范作用；马建堂等（2016）通过对我国部门杠杆率以及总杠杆率的估算，发现近年来我国债务水平上升较快，防范系统性金融风险必须首先化解在经济高速增长时期留下的高杠杆率；纪敏等（2017）通过分析宏观与微观杠杆率的内涵与关系，认为优化杠杆结构、提升杠杆效率才是金融稳定的关键；毛锐等（2018）构建了包含地方政府和商业银行的动态随机一般均衡模型，研究发现地方政府债务在中央隐性担保率下降到一定临界值时就会触发系统性的金融风险。同时，Barth 等（2013）在研究地方债和系统性金融风险时，也认为金融审慎政策的降杠杆效应能够在一定程度上防范金融危机。魏伟等（2018）认为，金融风险的三大来源分别是房地产、地方债和影子银行，并分别提出了针对性的防范措施。

二是对金融风险传染的研究，如 Ivan 和 Artem（2017）、Gkilas 等（2019）、蒋志平等（2014）对国际股市之间的传染效应进行测试，考察金融市场系统性风险的演变特征；苟文均等（2016）认为债务杠杆使金融风险积聚在金融部门，且以股权与债务的方式影响风险的传递；熊琛和金昊（2018）进一步用非线性 DSGE 模型验证了政府债务风险与金融部门风险相互强化的关系；杨子晖和李东承（2018）在对中国银行业金融风险的测度中发现，传染性风险的比例在系统性金融风险中逐渐提高，并且股份制商业银行是主要的风险诱导者；沈丽等（2019）运用社会网络分析的方法，建立了关于金融风险关联的省级空间网络，研究发现较高的空间关联程度会促进金融风险的传染，增强其破坏水平。

通过上述分析可以发现，税收政策因素对我国宏观经济的可持续增长具有显著作用，且金融风险的测度及传播特征也将在一定程度上对相关产业的稳定发展产生重要影响，当一个经济体遭遇罕见灾难等突发性事件时，如何制定合理有效的税收政策，将对宏观经济的灾后重建与复苏至关重要。然而，国内外学者较少将税收政策与金融风险结合起来对宏观经济问题进行相关研究，基于此，本章尝试引入巨灾风险因素，同时设计不同类型的税收政策机制情景，探讨包含税收政策因素背景下巨灾风险对宏观经济的动态影响，并进一步分析税收政策在巨灾经济体中的作用机制。

本章的结构安排如下：4.2 构建包含巨灾风险因素的 DSGE 模型；4.3 对相关参数进行校准和贝叶斯估计；4.4 分析巨灾风险对宏观经济的动态影响及传导机制；4.5 给出结论，并提出政策建议。

4.2 理论模型的构建

基于动态随机一般均衡分析框架，通过引入巨灾风险因素，分别考察不同类型税收政策在灾难经济体中的作用机制，进而探讨我国经济在应对意外风险方面的税收制度选择问题。为了刻画巨灾风险对宏观经济的动态影响，本章假定巨灾风险首先作用于企业部门，即将巨灾冲击引入企业的生产函数以及资本积累方程，之后通过单位个体的投资与消费行为，对家庭部门构成间接影响；进一步将个人所得税、消费所得税以及资本利得税引入家庭部门的预算约束条件，企业所得税引入企业部门的生产函数，考察巨灾冲击在不同类型税收政策作用下对宏观经济的动态影响，进而考察政府部门的税收政策选择问题。

4.2.1　代表性家庭

假定经济体中存在众多无限期家庭，每个家庭均为同质的，代表性家庭的效用由家庭消费 C_t、公共消费 G_t 以及劳动供给 N_t 所决定，我们假定该家庭的瞬时效用函数为：

$$U(C_t,\ G_t,\ L_t) = \frac{(C_t G_t^{\eta})^{1-\gamma_1}}{1-\gamma_1} + \varphi\frac{(1-L_t)^{1-\gamma_2}}{1-\gamma_2} \quad (4-1)$$

其中，C_t、G_t 分别代表第 t 期家庭私人消费与公共消费；将家庭部门的全部有效时间标准化为 1，劳动时间为 L_t，则闲暇时间可表达为 $1-L_t$；γ_1、γ_2 分别代表家庭总消费与劳动供给的替代弹性；η 表示公共消费对家庭私人消费的影响程度，η 值越大，说明公共消费对家庭总消费的影响越强。

在第 t 期，家庭部门通过私人消费须向政府缴纳消费税，通过投资行为缴纳资本利得税，以及基于工资收入缴纳个人所得税等，则家庭的预算约束可表达为：

$$(1+\tau_t^c)C_t + I_{t+1} = (1-\tau_t^w)W_t L_t + [1+(1-\tau_t^s)r_t]I_t \quad (4-2)$$

其中，τ_t^c、τ_t^w 和 τ_t^s 分别代表家庭部门向政府缴纳的消费所得税税率、个人所得税税率和资本利得税税率。

求解家庭部门的效用最大化问题，可得相应的一阶条件如下：

$$\varphi(1+\tau_t^c)(1-N_t)^{-\gamma_2} = (1-\tau_t^w)C_t^{-\gamma_1}G_t^{\eta(1-\gamma_1)}W_t \quad (4-3)$$

$$C_t^{-\gamma_1}G_t^{\eta(1-\gamma_1)} = \beta(1+\tau_t^c)E_t\left\{\frac{[1+(1-\tau_{t+1}^s)R_{t+1}]}{(1+\tau_{t+1}^c)}C_{t+1}^{-\gamma_1}G_{t+1}^{\eta(1-\gamma_1)}\right\} \quad (4-4)$$

其中，式（4－3）为家庭消费与劳动的 Euler 方程，反映第 t 期家庭部门劳动所产生的效用边际损失等于家庭消费所带来的边际效用；式（4－4）反映家庭部门跨期消费的最优规划，即 t 期家庭消费的边际效用等价于 $t+1$ 期家庭消费所产生效用的贴现值。

4.2.2 代表性厂商

本章假设存在一个完全竞争的市场，所有厂商均是同质的，代表性厂商通过租借私人资本 K 和雇佣劳动力 L 进行生产。假设厂商采用柯布—道格拉斯（Cobb－Douglas）生产函数，即：

$$Y_t = A_t K_t^{\alpha} L_t^{1-\alpha} \tag{4-5}$$

其中，α 表示资本产出弹性；Y_t 表示第 t 期的产出；K_t 表示第 t 期的资本存量；L_t 表示第 t 期的劳动供给；A_t 表示第 t 期技术水平的随机冲击，假定 A_t 与其稳态值 A^* 的随机偏离 $\tilde{A}_t(\tilde{A}_t = A_t - A^*)$ 服从 AR（1）过程，可得：

$$\log A_{t+1} = (1-\kappa_A)\log A^* + \kappa_A \log A_t + \varepsilon_{t+1}^A,\ \ \varepsilon_{t+1}^A \sim N(0,\ \sigma^2) \tag{4-6}$$

其中，$\{\varepsilon_{t+1}^A\}_{t=0}^{+\infty}$ 是白噪声过程。

本章将巨灾风险因素引入企业部门，参考 Barro（2006）、Gourio（2012），假定该因素的发生将导致企业生产技术更新减缓及人力资源错配，进而降低厂商的产出水平，故在模型中设定巨灾事件发生时全要素生产率下降的比例为 d_1，则 t 期厂商的产出可表示为：

$$Y_t = (1-\phi_t d_1) A_t K_t^{\alpha} L_t^{1-\alpha} \tag{4-7}$$

其中，$\phi_t(\cdot)$ 为示性函数，该函数包含两种情况，一是当巨灾事件在 t 期发生时，ϕ_t 等于 1；二是当巨灾事件在 t 期未发生时，ϕ_t 等于 0。同时，本章假定巨灾事件引起所有厂商资本存量被破坏的比例为 d_2，则 $t+1$ 期的资本存量方程可表达为：

$$K_{t+1} = [(1-\delta)K_t + I_t](1-\phi_t d_2) \tag{4-8}$$

其中，δ 表示企业的资本折旧率，I_t 表示企业在 t 期的投资。

同时，由于巨灾事件的发生具有偶然性特征，故本章假设该类事件的发生概率是随机的，基于此，设定巨灾事件发生的概率冲击服从一阶自回归过程，即：

$$\log p_{t+1} = (1-\rho_p)\log p^* + \rho_p \log p_t + \varepsilon_{p,t+1},\ \varepsilon_{p,t+1} \sim i.i.d.N(0,\ \sigma_p^2) \tag{4-9}$$

其中，p_t 表示巨灾事件在 t 期发生的概率。

假定企业部门按照产出规模比例须向政府缴纳企业所得税，假定其税率为 τ^f，并向家庭部门支付工资 W_t 和资本租金 R_t，则代表性企业的最优化问题可表示为：

$$\max_{\{K_t, L_t\}} \Pi_t = (1-\tau_t^f)(1-\phi_t d_1)A_t K_t^{\alpha} L_t^{1-\alpha} - (R_t+\delta)K_t - W_t L_t \tag{4-10}$$

分别对资本存量 K_t 和劳动供给 L_t 求偏导，可得该最优化问题的一阶条件为：

$$W_t = \beta(1-\tau_t^f)(1-\phi_t d_1)A_t K_t^{\alpha} L_t^{-\alpha} \tag{4-11}$$

$$R_t = \alpha(1-\tau_t^f)(1-\phi_t d_1)A_t K_t^{\alpha-1} L_t^{1-\alpha} - \delta \tag{4-12}$$

4.2.3　政府部门

在该模型中，政府在 t 期的收入来源于向家庭部门征收的消费所得税、资本利得税和个人所得税以及向厂商部门征收的企业所得税，四类税收的税率分别为 τ_t^c、τ_t^s、τ_t^w 和 τ_t^f，则政府部门在第 t 期的预算约束可表达为：

$$G_t = \tau_t^f Y_t + \tau_t^c C_t + \tau_t^s S_t + \tau_t^w W_t N_t \tag{4-13}$$

本章假定模型中四类税收政策的税率均为外生，政府部门的税收政策制定具有随机性特征，税率在其稳态值附近的随机偏离均服从一阶自回归过程，即：

$$\log\tau_{t+1}^{i} = (1-\kappa_i)\log\tau_i^{*} + \kappa_i\log\tau_i^{i} + \varepsilon_{t+1}^{i}, \varepsilon_{t+1}^{i} \sim N(0,\ \sigma_i^2) \tag{4-14}$$

其中，τ_i^{*} 分别代表企业所得税税率、消费所得税税率、资本利得税税率及个人所得税税率的稳态值（$i=f$、c、s 和 w），ε_{t+1}^{i}是白噪声过程。

4.2.4 均衡系统

当以下式子成立时，经济体达到出清状态，即：

$$S_t = K_t \tag{4-15}$$

$$Y_t = C_t + I_t + G_t \tag{4-16}$$

经济达到均衡状态时，代表性家庭与厂商分别实现效用最大化和利润最大化。该经济体的竞争均衡由上述一系列方程构成，这些方程描述了相关内生变量 $\{Y_t,\ C_t,\ K_t,\ I_t,\ L_t,\ R_t,\ W_t,\ G_t\}$ 以及随机冲击 $\{A_t,\ \tau_t^i\}$，（其中，$i=f$、c、s 和 w）的变动特征，进而刻画了经济系统的整体运行状态。

4.3 参数的校准与贝叶斯估计

为了实现数值模型计算的可操作性，本章分别采用数据校准与贝叶斯估计方法对参数进行估计。关于贴现率 β，本章基于 1979—2018 年间我国 CPI 指数数据，估计出效用贴现因子值为 0.99；资本折旧率 δ 采用陈昆亭和龚六堂（2006）、王俊杰和仝冰（2018）的估计值，设定为 0.1，资本产出弹性取为 0.5；依据黄赜琳（2005）基于我国居民的消费数据的估算结果，替代弹性系数 γ_1、γ_2 分别取为 0.84 和 0.9，公共消费在家庭总消费中的权重 η 取为 0.9；参考陈晓光和张宇麟（2010），休闲在家庭效用中的权重 φ 取为 0.45；基于 Barro（2006）、陈国进等（2014）的估计值，巨灾事件对企业全要素生产率与资本存量的破坏比例 d_1、d_2 均设定为 0.0689。

对于模型冲击方程中涉及的动态参数，本章采用贝叶斯方法进行估计。我们采用 1978—2018 年的年度居民实际消费和实际 GDP 数据作为样本。参考李春吉等（2010）、王燕武等（2011），冲击方程的一阶相关系数均值均取为 0.7，除巨灾冲击外的冲击方程的随机扰动项先验均值均设定为 0.05，同时基于陈国进等（2014），巨灾冲击随机扰动项先验均值取为 0.6。动态参数的具体估计结果见表 4－1。

表 4－1　贝叶斯估计结果

参数	参数说明	先验均值	先验分布	后验均值	后验置信区间	
ρ_z	技术冲击的一阶自回归系数	0.70	Beta	0.6932	0.5487	0.8322
ρ_p	巨灾冲击的一阶自回归系数	0.70	Beta	0.9790	0.9680	0.9919
ρ_{τ_c}	消费税冲击的一阶自回归系数	0.70	Beta	0.6945	0.5488	0.8352
ρ_{τ_f}	企业所得税冲击的一阶自回归系数	0.70	Beta	0.7067	0.5534	0.8639
ρ_{τ_s}	增值税冲击的一阶自回归系数	0.70	Beta	0.7180	0.5794	0.8687
ρ_{τ_w}	个人所得税冲击的方差	0.70	Inv. Gamma	0.7199	0.5967	0.8348
ε_z	技术冲击的方差	0.05	Inv. Gamma	0.0268	0.0139	0.0396
ε_p	巨灾冲击的方差	0.6	Inv. Gamma	1.9298	1.3784	2.6095

续表

参数	参数说明	先验均值	先验分布	后验均值	后验置信区间	
ε_{τ_c}	消费税冲击的方差	0.05	Inv. Gamma	0.0521	0.0120	0.0945
ε_{τ_f}	企业所得税冲击的方差	0.05	Inv. Gamma	0.0417	0.0138	0.0683
ε_{τ_s}	增值税冲击的方差	0.05	Inv. Gamma	0.0331	0.0160	0.0489
ε_{τ_w}	个人所得税冲击的方差	0.05	Inv. Gamma	0.0462	0.0138	0.0756

4.4 动态效应与传导机制分析

本节基于所估计参数对模型进行动态数值模拟。首先，分别考察仅包含单一税种、同时包含两类税种以及包含三类以上税种等情形下巨灾冲击对企业产出与投资、家庭消费及就业的影响；其次，对比分析四类税种在巨灾经济体中对我国宏观经济的影响，并对其传导机制进行探讨；最后，考察企业所得税、消费所得税及个人所得税在巨灾经济体中的敏感性。

4.4.1 单一税收政策的经济效应分析

图 4 – 1 描述了单一税收政策情形下巨灾冲击对宏观经济的动态影响。从整体来看，在无政府税收情形下，巨灾事件对经济的负向影响显著高于包含税收政策的情形，特别是对企业产出和投资的负向冲击尤为明显，最低值分别达到 – 18% 和 – 12%，而仅包含消费所得税或劳动所得税的情形两经济变量的波动幅度仅为 – 11% 和 – 7%，仅包含企业所

得税情形的负向冲击更弱，仅为 -6% 和 -4%；从不同类型税种来看，仅包含企业所得税的税收政策对巨灾冲击的抑制作用最为显著，不论从影响程度还是持续时间均明显优于消费所得税和劳动所得税，而后两者在巨灾事件中的影响效果较为相似；从复苏周期来看，仅包含企业所得税情形在企业产出、投资方面的复苏时间较其他三种情形也显著缩短，而在就业与消费方面的复苏周期三类税收政策较为接近，且均优于无政府税收的情形。

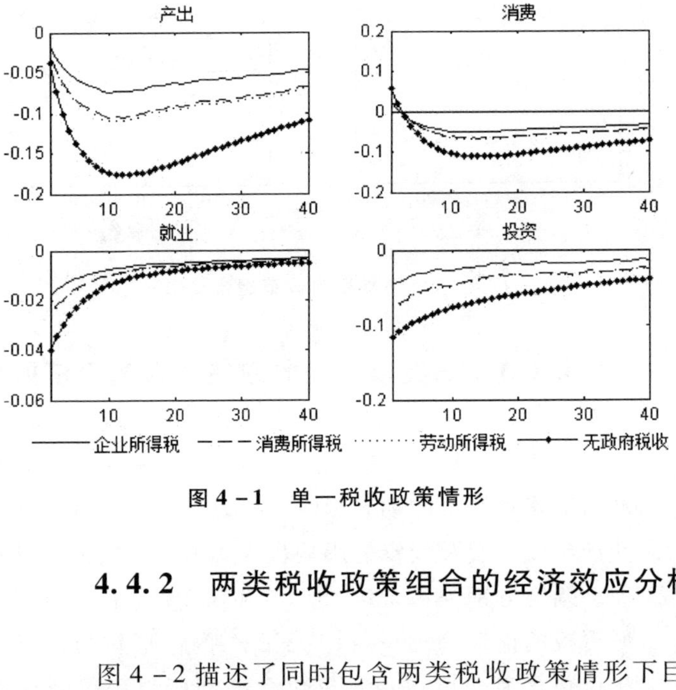

图 4-1　单一税收政策情形

4.4.2　两类税收政策组合的经济效应分析

图 4-2 描述了同时包含两类税收政策情形下巨灾冲击对宏观经济的动态影响。可以看出，同时包含消费所得税和劳动所得税（标记为 $\tau^c \& \tau^w$）的情形对巨灾冲击的抑制作用显著弱于同时包含企业所得税和消费所得税（标记为 $\tau^f \& \tau^c$）以及同时包含企业所得税和劳动所得税（标记为 $\tau^f \& \tau^w$）的情形，特别是对企业产出与投资，其波动幅度达

到 -11% 和 -7%，显著低于后两种情形的 -7% 和 -4%；从复苏周期来看，$\tau^c\&\tau^w$ 情形也较另两种情形持续时间更长。

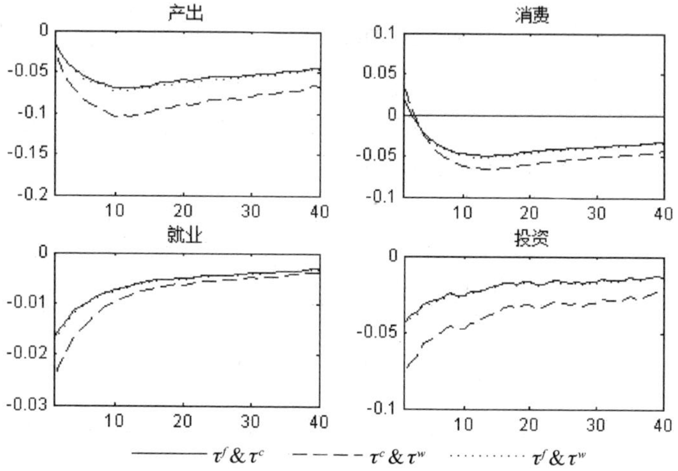

图 4-2 两类税收政策组合情形

4.4.3 三类以上税收政策组合的经济效应分析

图 4-3 描述了同时包含三类以上税收政策情形下巨灾冲击对宏观经济的动态影响。可以看出，三种不同组合对企业产出、消费及投资的影响较为相似，巨灾冲击导致三者的波动幅度分别为 7.5%、5.2% 和 3.2% 左右，与仅包含企业所得税的情形、$\tau^f\&\tau^c$ 以及 $\tau^f\&\tau^w$ 的情形较为相近，明显优于仅包含消费所得税、仅包含劳动所得税以及 $\tau^c\&\tau^w$ 的情形。从这里可以看出，征收企业所得税对巨灾冲击的缓冲作用尤为显著；从巨灾冲击对就业的影响来看，三类税收政策组合的情形显著优于单一税收政策和两类税收政策组合，且同时包含企业所得税、消费所得税和劳动所得税（标记为

$\tau^f\&\tau^c\&\tau^w$）的复苏周期明显快于 $\tau^f\&\tau^c\&\tau^k$ 和 $\tau^f\&\tau^c\&\tau^k\&\tau^w$（其中，$\tau^k$ 表示资本利得税）。

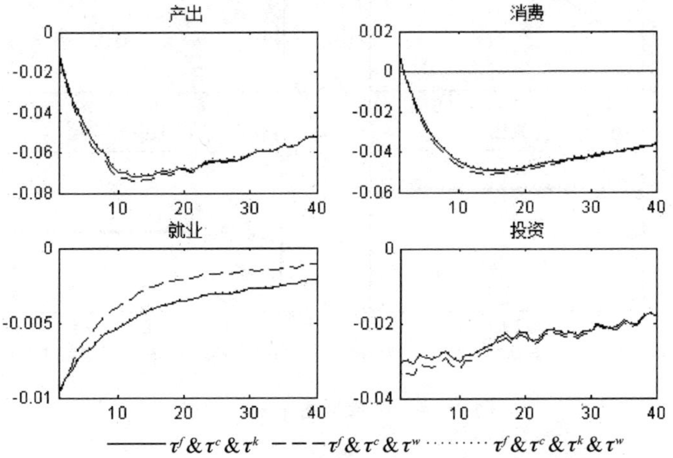

图 4-3　三类以上税收政策组合情形

4.4.4　巨灾情境下税收政策冲击的经济效应分析

图 4-4 给出了巨灾经济体中四类税收政策冲击对宏观经济的动态影响。可以看出，消费所得税正向波动 1% 单位，其对企业产出与投资均有正向的刺激作用，其表现明显优于其他税种；资本利得税冲击在居民消费及就业方面的表现相对较好，其大幅削弱巨灾事件对两者的冲击，并显著缩短其复苏时间；企业所得税的正向波动不利于对巨灾事件影响的控制，其负面影响较其他税种更加明显。这体现出在巨灾事件过程中在提升企业所得税方面应更为慎重，而对消费所得税的提升将有利于缓解巨灾事件对宏观经济的影响，资本利得税的提升仅在居民消费方面表现为正效应，而对其他经济变量不利，劳动所得税上升也不利于缓解巨灾事件对宏观经济的冲击，但其负面影响弱于企业所得税。

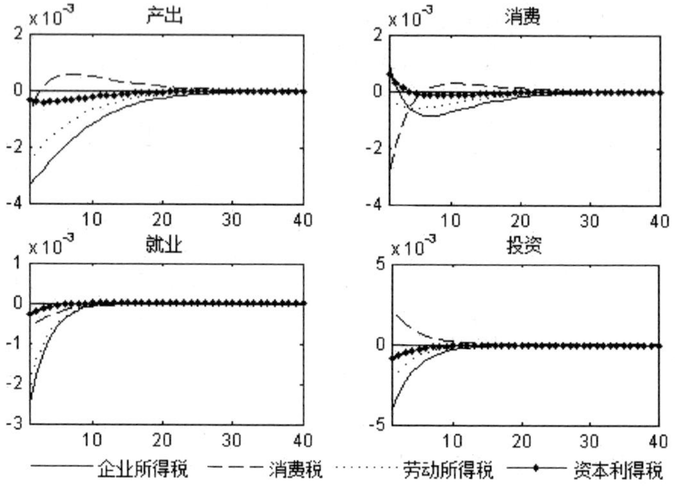

图 4－4　税率冲击的经济效应

4.4.5　敏感性分析

为了考察本章模型的稳健性，故对模型的关键参数进行敏感性分析。图 4－5 分别给出了企业所得税、消费所得税及劳动所得税等三类税收政策税率上下浮动 30% 情形下，巨灾冲击对宏观经济变量的动态影响。第一行至第三行分别表示企业所得税、消费所得税及劳动所得税的情形。可以看出，企业所得税波动对巨灾冲击的影响较另两类税收政策更为显著，特别是对产出的影响，而消费所得税与劳动所得税变动对巨灾冲击的影响较为有限，其上下浮动基本难以进一步改善巨灾事件对宏观经济的负面效应。数值模拟结果显示三类税收政策的上下波动对巨灾冲击的经济效应均没有发生本质的变化，这也说明巨灾事件对宏观经济冲击的脉冲响应是稳健的。

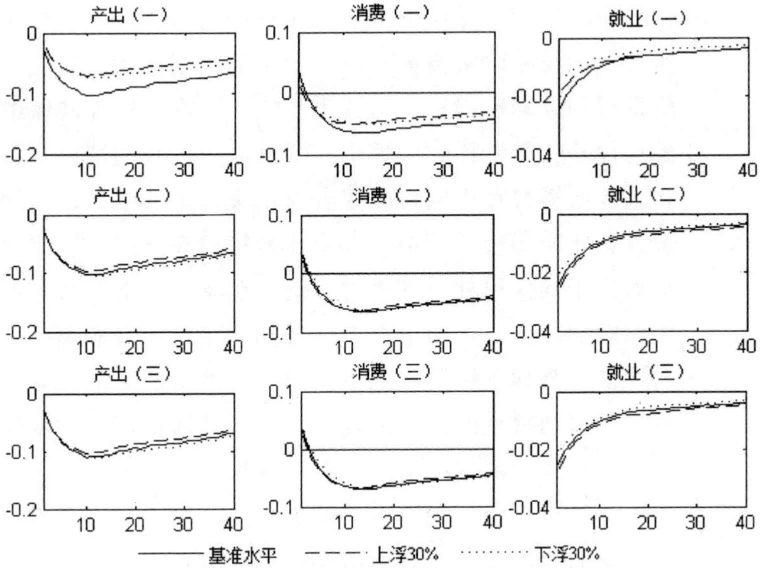

图 4-5　敏感性分析

4.5 研究结论

随着全球经济一体化趋势的持续加速，世界范围内的经济与金融风险对我国宏观经济的冲击日益频繁，在此经济背景之下，我国政府出台了一系列税收政策及财政支出政策，来应对外部不可测风险对我国经济的潜在冲击。本章通过引入企业所得税、消费所得税、劳动所得税及资本利得税等四类税收政策，构建包含巨灾风险因素的动态随机一般均衡模型，数值模拟在不同税收政策机制下巨灾冲击对我国经济的动态影响。

研究发现：①从单一税收政策的情形来看，仅包含企业所得税的税收政策情形对巨灾冲击的抑制作用明显优于消费所得税和劳动所得税，且三类税收政策在巨灾经济体中的表现均优于无政府税收的情形；②从税收组合的情形来看，包含企业所得税在内的税收组合对巨灾冲击的缓冲作用优于不包含企业所得税的情形；③企业所得税在巨灾经济体中的敏感性强于其他税种，其正向波动不利于政府部门对巨灾事件负面影响的控制，而消费所得税的作用机制恰恰相反，其正向冲击将有利于缓解巨灾事件对宏观经济的影响，劳动所得税和资本利得税的正向冲击对巨灾经济体也构成一定的负面作用，但其影响程度弱于企业所得税。

当经济体中出现不可测的重大经济风险时，基于本章结论，我们从以下几个方面给出政策建议：①由于企业所得税对巨灾经济体的敏感性较强，故在出现巨灾风险时，应保持企业所得税的稳定性，对该税种的调整应保持一定的谨慎；②消费所得税的提升有利于缓解巨灾冲击对宏观经济的压力，故巨灾事件发生过程中可以通过适度提升该税种的税率，在保持财政收入的同时实现经济的平稳过渡；③税收政策对巨灾冲击的抑制作用明显优于无政府税收的情形，故应积极采用多种税收组合的形式缓解重大经济风险对宏观经济的冲击。

第 5 章

巨灾情境下农户行为模式转变与经济增长

随着互联网及通信技术应用的逐渐广泛，巨灾事件对宏观经济的影响日益深入，农户的行为方式受到该类事件的冲击也愈发明显。本章尝试考察巨灾事件发生过程中农户行为模式转变对宏观经济的动态影响。具体来讲，通过在包含巨灾风险因素的 DSGE 模型中引入农户外出务工与在家务农两种行为方式，数值模拟自然灾害与金融风险两类巨灾风险形式对我国农户行为方式的动态影响，并进一步引入惠农补贴与农业补贴等政策因素，综合考察财政政策在巨灾情境下对企业及农户行为的作用机制。

5.1 引言

21 世纪以来，随着我国经济金融全球化进程的不断加速，来自国际层面的非预期冲击持续增强，可以预见巨灾风险对中国经济（企业生产、农户消费等）的影响将越来越大。与此同时，近年来我国严重自然灾害的发生更为频繁，这也对农业生产及农产品价格波动构成重要影响，进而改变了企业运作方式及政府产业决策。在这一背景下，我国政府持续推进城市化进程，二元经济结构出现显著转变，农业劳动生产率向制度工资趋近，农户人均收入逐渐由边际生产率决定，传统农业向现代农业转变，农业成为国民经济的新产业部门。基于此现实背景下，本章通过区分农户外出务工与在家务农两种行为方式，构建包含巨灾风险因素的动态随机一般均衡（DSGE）模型，旨在分析在普通年份与受灾年份两种情形下的农户行为方式选择，这也为我国政府推进农村土地流转、鼓励农民创新创业提供一定的理论参考。

关于巨灾风险理论的相关研究，国内外主流文献主要从以下两个方面进行展开：其一，考察巨灾事件在演进过程中的影响，这种影响具有即时性特征，其能够对某些地区、某一产业甚至某国经济构成实质性的破坏，且影响范围之大、程度之深均难以估量。其二，考察巨灾事件发生之后对投资者及消费者的心理影响，这种影响具有长期性特征，且表现出持续的作用力，主要表现为代表性个体（投资者、消费者及政府部门等）对历史上已发生的多次巨灾事件的心理预期（即灾难性预期），使得其消费及投资偏好出现波动，行为方式产生转变，进而对宏观经济产生影响。

从具体的研究成果来看，最早可追溯至 20 世纪五六十年代。国外学者首先从单一的自然巨灾与人为巨灾等相关事件展开研究，代表性文献如 Brannen & Ted（1954）、Peskin & Hentry（1965）、Hirshleifer（1966）分别考察德克萨斯飓风 Waco、核战争以及 14 世纪西欧的“黑死病”疫情对区域经济及相关产业的影响，进而对自然灾害经济学开展一系列理论探讨；其后，Kunreuther & Fiore（1966）通过研究地震等巨灾事件对区域经济的影响，正式采用“灾害经济学”一词进行相关研究。直到 20 世纪 80 年代，“比索问题”的出现使众多学者逐渐意识到灾难性预期因素（即巨灾风险）对宏观经济及资本市场的影响。代表性文献如 Clark（1977）、Chang（1983）、West & Lenze（1994）等分别通过构建多部门的一般均衡模型，系统分析巨灾风险对区域经济以及国民经济的综合影响。2008 年次贷危机的出现，使众多学者对巨灾风险理论的研究达到一个新的高潮，部分学者开始将巨灾风险因素与真实经济周期（RBC）理论相结合，分析巨灾风险在宏观经济周期中的作用机制，代表性文献如 Gourio（2012）、Gourio 等（2013）将巨灾风险因素引入 RBC 模型中，分别考察封闭经济体与开放经济体中巨灾风险投资、消费及就业等宏观经济变量的动态影响等。

国内对巨灾风险理论的相关研究尚处于起步阶段。目前的主流研究多采用实证计量方法，分析某一特定巨灾事件对区域经济及相关利益群体的影响，代表性文献如刘庆富和周程远（2012）采用 MCMC 估计方法，实证分析自然灾害、经济灾难及政治事件对我国期货市场的影响。赵静梅等（2014）分别探讨自然灾害与人为灾害对巨灾事件发生所在地上市公司的影响；盖兆军（2015）基于日本福岛核泄漏事件，分析该事件发生前后能源战略的转变等。另外，近年来少数学者开始采用数值模拟方法研究巨灾风险因素对宏观经济的综合影响，代表性文献如庄子罐（2011）考察巨灾风险对我国福利成本的影响；陈国进等（2014）采用动态随机一般均衡方法，分析巨灾风险因素对我国宏观经济波动的解释能力等。

目前，国内关于巨灾风险对农户行为影响的相关研究相对较少。多数文献主要是关于巨灾保险、巨灾债券定价及巨灾事件补偿机制等方面对农业部门的影响机制分析。代表性文献如李永等（2012）通过设计多事件触发巨灾债券产品定价模型，分析巨灾债券在农业巨灾救助方面的作用机制；李林和段迎君（2013）建立多层次的灾害补偿机制框架，通过整合各种灾害补偿方式，力求实现农业救助效果最大化；吴昊和龙海明（2018）通过构建政策性农业巨灾保险市场博弈模型，考察购险补贴、巨灾救助与保险监管对农户生产行为的影响等。

本章研究与已有文献存在较大不同，主要体现在以下两个方面：一是研究方法方面，本章尝试采用动态随机一般均衡方法分析巨灾风险对农业部门的影响机制，旨在通过考察满足农户消费与生产效用最大化情形下的具体行为方式，并区别受灾年份与普通年份两种情形，分析农户行为不同年份下的动态变化；二是研究视角方面，本章从巨灾风险（包括自然灾害和金融风险）的角度分析巨灾事件对农户行为的动态效应，不仅考察巨灾事件的即时影响，更为重要的是考察巨灾事件所引起代表性个体的灾难性预期对农户行为方式的影响。

本章的结构安排如下：5.2 部分构建包含自然灾害和金融风险两类巨灾风险因素的 DSGE 模型；5.3 部分对相关参数进行校准；5.4 部分分析巨灾风险对农户行为的动态影响

及传导机制；5.5 部分对巨灾风险类型进行分类探讨，并对基本模型进行敏感性分析；5.6 部分给出结论，并提出政策建议。

5.2 理论模型的构建

本章在动态随机一般均衡的分析框架下，以农户家庭为主体对其行为进行分析。经济中的行为主体有：农户家庭，代表性厂商和政府。对于农户家庭而言，由于受到外出务工潮和农作物生长周期的影响，农户的行为分为在家务农和外出务工，那么相应地，农户家庭在每一期的收入来源于两个部分，即在家务农收入和外出务工收入，农户家庭在每一期的收入用于消费和投资。因此，影响农户家庭效用的因素有消费、在家务农的时间以及外出务工的时间；对于代表性厂商而言，利用雇佣的外出务工劳动力和租赁的资本进行生产，并在利润最大化的前提下，支付务工人员的工资和租赁资本的利息，同时向政府部门缴纳一定的税收；而对于政府部门而言，政府的收入来源于厂商缴纳的收入税，政府的支出主要用于两个方面：第一，惠民政策，主要用于改善农户家庭的生活水平，比如教育、医疗、财政补助等方面的补贴；第二，农业补贴，主要用于提高农户的农产品产量，增加土地收益，比如适度规模经营、农机购置、高效农业技术推广等方面的补贴。

5.2.1 家庭部门

（1）农户家庭消费行为分析

假定经济系统中包含无数个同质的农户家庭，每个家庭偏好相同且能够生存无限期，效用函数采用对数效用形式，则代表性农户家庭在每一期规划其消费与劳动供给以最大化一生效用，瞬时效用函数设定为：

$$U(C_t,\ L_t) = \gamma \log TC_t + (1-\gamma)\log(1-L_t) \quad (5-1)$$

其中，TC_t 表示 t 期代表性农户家庭的有效消费；将每个农户的可利用时间标准化为 1，闲暇定义为 $1-L_t$，即有效时间减去农户家庭成员的总劳动时间；农户家庭的总劳动时间 L_t 由两部分组成，即农户家庭的外出务工的工作时间 LM_t 和在家务农的劳动时间 LH_t；参数 $\gamma(0<\gamma<1)$ 是农户消费与闲暇的替代弹性。

在这里，定义农户家庭的有效消费 TC_t 为：

$$TC_t = (\omega C_t^{\kappa} + (1-\omega) G_{1t}^{\kappa})^{\frac{1}{\kappa}} \quad (5-2)$$

其中，C_t 表示农户家庭的私人消费；G_{1t} 表示政府实施惠民政策的相关补贴，该部分政府支出会影响居民的效用，故将其引入效用函数中；参数 κ 是农户家庭私人消费与政府惠民支出的替代弹性；参数 ω 是农户家庭私人消费所占的份额。

在第 t 期农户家庭的预算约束为

$$C_t + S_t = Y_t^H P_t G_{2t} + W_t LM_t + R_t K_t \quad (5-3)$$

其中，S_t 表示第 t 期农户家庭的储蓄；Y_t^H 表示第 t 期农户家庭务农的产出；G_{2t} 表示第 t 期政府实施的农业补贴，假定其与农民务农的产出相关；P_t 表示第 t 期农产品的价格；W_t 表示第 t 期农民外出务工所得报酬；K_t 表示第 t 期农户家庭的资本存量；R_t 表示第 t 期租金率。

为了研究农产品价格的波动对经济系统的影响，假设 P_t 是一个随机变量，表示第 t 期的技术水平，假定 P_t 与其稳态值 P^* 的随机偏离 $\tilde{P}_t(\tilde{P}_t = P_t - P^*)$ 服从 AR（1）过程，可得：

$$\log P_{t+1} = (1-\rho_P)\log P^* + \rho_P \log P_t + \varepsilon_{t+1}^P,\ \varepsilon_{t+1}^A \sim N(0,\ \sigma^2) \tag{5-4}$$

其中，$\{\varepsilon_{t+1}^P\}_{t=0}^{+\infty}$是白噪声过程。

（2）农户家庭的生产行为分析

假设农户家庭的生产活动采用的是劳动密集型生产函数：

$$Y_t^H = B_t LH_t^{\phi} \tag{5-5}$$

其中，$0<\phi<1$，即农户家庭的规模收益是递减的。B_t 是一个随机变量，表示第 t 期农户家庭劳动生产的技术水平。假定 B_t 与其稳态值 B^* 的随机偏离 $\tilde{B}_t(\tilde{B}_t = B_t - B^*)$ 服从 AR（1）过程，可得：

$$\log B_{t+1} = (1-\rho_B)\log B^* + \rho_B \log B_t + \varepsilon_{t+1}^B,\ \varepsilon_{t+1}^B \sim N(0,\ \sigma^2) \tag{5-6}$$

其中，$\{\varepsilon_{t+1}^B\}_{t=0}^{+\infty}$是白噪声过程。

为了模拟农业自然灾害对经济系统中各宏观经济变量的影响，本章假定农业自然灾害事件发生时，所有农户家庭的农业产出规模被破坏的比例均为 h_1，则 t 期农户家庭的农业产出：

$$Y_t^H = (1-\eta_t h_1) B_t LH_t^{\phi} \tag{5-7}$$

其中，$\eta_t(\cdot)$是示性函数，$\eta_t(\cdot)\in\{0,1\}$，表示农业自然灾害事件在第 t 期发生时，$\eta_t=1$，农业自然灾害事件在第 t 期未发生时，$\eta_t=0$。

通常来讲，农业自然灾害事件发生具有不可测性，故本章假定农业自然灾害事件发生的概率是随机的。同时，设定自然灾难概率冲击服从 AR（1）过程，即：

$$\log p_{t+1} = (1-\rho_p)\log p^* + \rho_p \log p_t + \varepsilon_{t+1}^p,\ \varepsilon_{t+1}^p \sim N(0,\ \sigma^2) \tag{5-8}$$

农户家庭在每一期资本存量的变化方程为：

$$K_{t+1} = (1-\delta)K_t + I_t \tag{5-9}$$

其中，δ 表示资本折旧率，I_t 表示农户家庭在第 t 期的总投资。

当农业自然灾害发生时，对于每个农户家庭而言，其资本存量也会受到自然灾害的冲击，假设资本存量被破坏的比例为 h_2，则 $t+1$ 期农户家庭的资本存量的变化方程变为：

$$K_{t+1} = ((1-\delta)K_t + I_t)(1-\eta_t h_2) \tag{5-10}$$

（3）农户家庭的最大化问题

代表性农户家庭面临的问题是在预算约束下最大化其一生的效用函数，即

$$\max_{\{C_t, LM_t, LH_t, K_{t+1}\}} E_0 \left\{ \sum_{t=0}^{\infty} \beta^t \gamma \log TC_t + (1-\gamma)\log(1-LM_t-LH_t) \right\} \tag{5-11}$$

假设 $I_t = S_t$，则居民受到的预算约束为：

$$C_t + K_{t+1} = Y_t^H P_t G_t + W_t LM_t + R_t K_t + (1-\delta)K_t + T_t \tag{5-12}$$

求解代表性农户家庭的效用最大化问题，可得一阶条件与横截性条件如下：

$$\lambda_t = \gamma \frac{\omega C_t^{\kappa-1}}{\omega C_t^{\kappa} + (1-\omega)G_{1t}^{\kappa}} \tag{5-13}$$

$$(1-\gamma)\frac{1}{1-LM_t-LH_t} = \gamma_t \frac{\omega C_t^{\kappa-1} W_t}{\omega C_t^{\kappa} + (1-\omega)G_{1t}^{\kappa}} \tag{5-14}$$

$$(1-\gamma)\frac{1}{1-LM_t-LH_t} = \phi\gamma \frac{\omega C_t^{\kappa-1}}{\omega C_t^{\kappa} + (1-\omega)G_{1t}^{\kappa}}(1-\eta_t h_1)B_t LH_t^{\phi-1} P_t G_t \tag{5-15}$$

$$\frac{\omega C_{t+1}^{\kappa}+(1-\omega)G_{1t+1}^{\kappa}}{\omega C_{t}^{\kappa}+(1-\omega)G_{1t}^{\kappa}}\frac{C_{t}^{\kappa-1}}{C_{t+1}^{\kappa-1}}=\beta E_{t}((R_{t+1}+1-\delta)) \tag{5-16}$$

$$\lim E_{t}\beta^{t+j}\lambda_{t+j}S_{t+j}=0 \tag{5-17}$$

其中，λ_t 为约束条件式（5－12）的 Lagrange 乘子，式（5－13）的右边代表家庭 t 期消费的边际效用。式（5－14）为消费与外出务工劳动时间的 Euler 方程，表示 t 期农户家庭外出务工劳动所带来的边际损失等于消费所产生的边际效用。式（5－15）为消费与在家务农劳动时间的 Euler 方程，表示 t 期农户家庭在家务农劳动所带来的边际损失等于消费所产生的边际效用。式（5－16）反映家庭消费的最优规划，即 t 期消费的边际效用等于 $t+1$ 期消费所带来效用的贴现值。式（5－17）为家庭效用最大化需满足的横截性条件。

5.2.2　市场产品部门

（1）厂商行为分析

在完全竞争的市场中，厂商均是同质的，每个厂商具有相同的技术水平。代表性厂商通过租借私人资本 K 和雇佣劳动力 LM 进行生产，在这里我们主要考虑的劳动力形式为进城务工人员。假设厂商采用 Cobb－Douglas 生产函数，即：

$$Y_t=A_tK_t^{\alpha}LM_t^{1-\alpha} \tag{5-18}$$

其中，$\alpha>0$ 表示资本产出弹性；Y_t 表示第 t 期的产出；K_t 表示第 t 期的资本存量；LM_t 表示第 t 期的进城务工人员的劳动投入；A_t 是一个随机变量，表示第 t 期的技术水平，假定 A_t 与其稳态值 A^* 的随机偏离 $\tilde{A}_t$（$\tilde{A}_t=A_t-A^*$）服从 AR（1）过程，可得：

$$\log A_{t+1}=(1-\rho_A)\log A^{*}+\rho_A\log A_t+\varepsilon_{t+1}^{A},\ \varepsilon_{t+1}^{A}\sim N(0,\ \sigma^2) \tag{5-19}$$

其中，$\{\varepsilon_{t+1}^{A}\}_{t=0}^{+\infty}$是白噪声过程。

同时，参考 Gourio（2012），在此引入另一类巨灾风险形式——经济风险（如经济危机等），本章假定该风险发生时，厂商部门最先受到波及，并假设市场部门厂商的产出规模被破坏的比例为 h_3，则 t 期厂商的产出可表示为：

$$Y_t = (1 - \eta_t h_3) A_t K_t^{\alpha} LM_t^{1-\alpha} \tag{5-20}$$

（2）厂商的最大化问题

厂商在 t 期需要支付进城务工人员的工资 W_t、资本租金 R_t，同时向政府按税率 τ 缴纳产出税。所以利润最大化问题可表达为：

$$\max_{\{K_t, N_t\}} \pi_t = (1-\tau)(1 - \eta_t h_3) A_t K_t^{\alpha} LM_t^{1-\alpha} - W_t LM_t - R_t K_t \tag{5-21}$$

求解该最优化问题，可得如下关于 K_t 和 N_t 的最优一阶条件：

$$R_t = \alpha(1-\tau)\frac{Y_t}{K_t} \tag{5-22}$$

$$W_t = (1-\alpha)(1-\tau)\frac{Y_t}{LM_t} \tag{5-23}$$

5.2.3 政府部门

在本模型中，政府每一期的收入来源于向厂商征收的产出税 τY_t，支出全部用于政府实施的惠民政策 G_{1t}和农业补助 G_{2t}。所以，政府在第 t 期的预算约束为：

$$\tau Y_t = G_{1t} + G_{2t} \tag{5-24}$$

在这里，为了研究政府实施的惠民政策和农业补助对经济系统中各宏观经济变量的动态影响，假设 G_{1t}和 G_{2t}为随机变量，分别与其稳态值 G_1^* 和 G_2^* 的随机偏离 $\tilde{G}_{1t} = (G_{1t} - G_1^*)$和 $\tilde{G}_{2t} = (G_{2t} - G_2^*)$服从 AR（1）过程，可得：

$$\log G_{1t+1} = (1-\rho_{G_1})\log G_1^* + \rho_{G_1}\log G_{1t} + \varepsilon_{t+1}^{G_1},\ \varepsilon_{t+1}^{G} \sim N(0,\ \sigma^2) \tag{5-25}$$

$$\log G_{2t+1} = (1-\rho_{G_2})\log G_2^* + \rho_{G_2}\log G_{2t} + \varepsilon_{t+1}^{G_2},\ \varepsilon_{t+1}^{T} \sim N(0,\ \sigma^2) \tag{5-26}$$

其中，$\varepsilon_{t+1}^{G_1}$、$\varepsilon_{t+1}^{G_2}$均为白噪声过程。

5.2.4　市场出清

当市场达到出清状态时，有以下式子成立：

$$S_t = K_t \tag{5-27}$$

$$Y_t + Y_t^H = C_t + I_t + G_{1t} + G_{2t} \tag{5-28}$$

5.2.5　均衡系统

经济达到均衡状态时，代表性农户家庭实现效用最大化、代表性厂商实现利润最大化，并且消费品市场、资本市场以及劳动力市场均出清。经济的竞争均衡由九个方程构成，这些方程描述了内生变量 $\{Y_t,\ Y_t^H,\ C_t,\ K_t,\ I_t,\ LM_t,\ LH_t,\ R_t,\ W_t\}$ 和经济冲击 $\{A_t,\ B_t,\ P_t,\ G_t\}$ 的变化特征及形态，整个经济系统由此刻画出来。

5.3 参数校准

为了模型中具有计算的可操作性，本章结合中国实际经济数据和已有文献，对模型中的参数采用校准法进行赋值，而与巨灾风险因素有关的参数，则通过敏感性分析的方式进行具体探讨。

5.3.1 效用折现因子 β、资本折旧率 δ 与资本产出弹性 α

我们基于2010—2017年我国一般贷款加权平均利率与GDP平减指数，可计算出8年间平均实际贷款利率为3.8%，通过消费者的稳态方程计算出 β 值为0.96。关于资本折旧率，本章参考陈昆亭和龚六堂（2006）、仝冰（2017）的结论，将年资本折旧率 δ 取为0.1。关于资本产出弹性，国内文献一般认为在0.55左右，本章参考王国静和田国强（2014）、中国人民银行营业管理部课题组等（2017）的估计结果，参数取为0.55。

5.3.2 农户消费与闲暇的替代弹性 γ、农户家庭私人消费所占份额 ω 与农户生产率参数 ϕ

参考娄峰和张涛（2012）的观点，由于我国农民务工工资水平相对较低，使得农户闲暇时间增加将对农户消费构成较大影响，故本章结合李春吉和孟晓宏（2006）、Khan et al.（2009）的研究结论，参数 γ 校准为0.4。参考黄赜琳和朱保华（2015）、杨翱和李长洪（2016）的做法，农村居民消费与政府农村消费支出之间的关系参数为0.37，结合所采用效用函数形式的差异，本章将政府惠民支出占农村居民消费的比例校准为0.33，从而农户家庭私人消费的份额 ω 为0.75，政府惠民支出的份额 $1-\omega$ 为0.25。目前对于农户生产率参数的研究不多，参考刘斌（2015）的取值，令 ϕ 值取为0.8。

5.3.3 农业产出规模的破坏比例 h_1、资本存量的破坏比例 h_2 与产出规模的破坏比例 h_3

对于农业产出规模的破坏比例 h_1，本章采用2010—

2017 年间农作物受灾面积与农作物总播种面积的数据进行估计，经计算农作物受灾面积占农作物总播种面积比重的均值约为 0.167，因此，参数 h_1 校准为 16.7%；对于农户私人资本存量的破坏比例 h_2，本章采用 2010—2017 年间自然灾害直接经济损失、总人口数和居民人均可支配收入等数据估算。由于中国统计局数据库统计口径的问题，2010—2012 年的居民可支配收入数据采用城镇居民可支配收入、农村居民净收入、城镇人口、农村人口等数据进行替代，经计算人均自然灾害直接经济损失占居民人均可支配收入比重的均值为 0.0155，因此参数 h_2 校准为 1.55%；对于产出规模的破坏比例 h_3，陈彦斌等（2009）估计的结果为 0.05，陈国进等（2014）以我国 1952—2012 年间的人均实际 GDP 增长率为标准估算的结果为 0.0689，本章采用该方法，将时间序列延长至 2017 年，估算结果仍为 0.0689，故参数 h_3 取值为 6.89%（见图 5－1、图 5－2）。

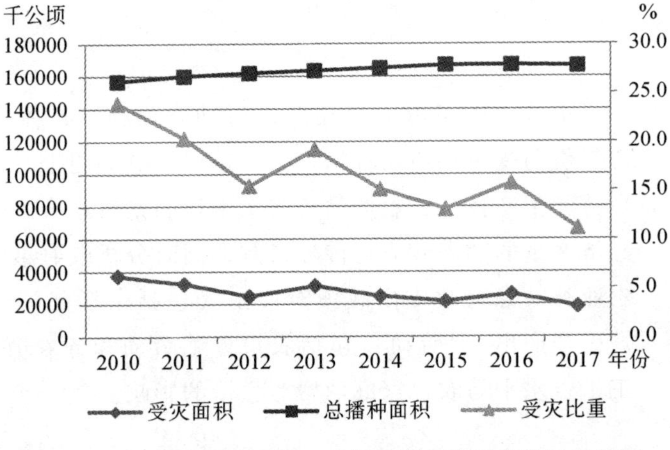

图 5－1　农作物受灾面积、总播种面积和受灾比重趋势图

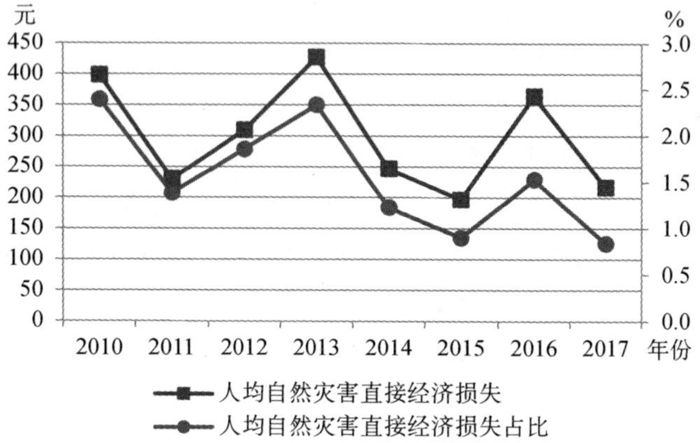

图 5－2　人均自然灾害直接经济损失和损失占比趋势图

5.4 动态效应与传导机制分析

本节利用 Matlab 对模型进行动态模拟，具体分析在正常年份与受灾年份两种情形下，市场产品部门生产技术、农户劳动生产技术、农产品价格水平等因素对经济体中各宏观经济变量的动态效应与传导机制，同时分析政府惠民补贴与农业补贴等财政支出政策对产出（包括市场部门产出和农户生产产出）、劳动（包括农户务工劳动和务农劳动）、务工工资水平与农户家庭消费等变量的影响。

5.4.1 市场产品部门生产技术的动态效应分析

图 5－3 分别给出了正常年份与受灾年份两种情形下，

产品部门生产技术水平发生 1% 单位正向冲击时各经济主体的动态效应。可以发现，第一，在正常年份，企业产出与农民务工工资水平均出现正向波动，上升幅度分别达到 2.5% 与 2.1%，同时生产技术改善对两者影响的持续性较强；农业受灾年份对两者的影响相对较小。第二，生产技术冲击对农户生产产出、农户务工与务农劳动时间均产生负效应。具体来看，农户产出在正常年份的下降幅度为 3.5×10^{-3}，要高于受灾年份的 2.8×10^{-3}。与之相反，农户务工与务农时间在受灾年份受到企业生产技术冲击的影响更大，其下降幅度均达到 4.1×10^{-3}，远高于正常年份的 2.3×10^{-3}。第三，生产技术冲击对农户消费产生正效应，且在正常年份农户消费受到的冲击达到 9.5×10^{-3} 明显高于受灾年份 8.2×10^{-3}。

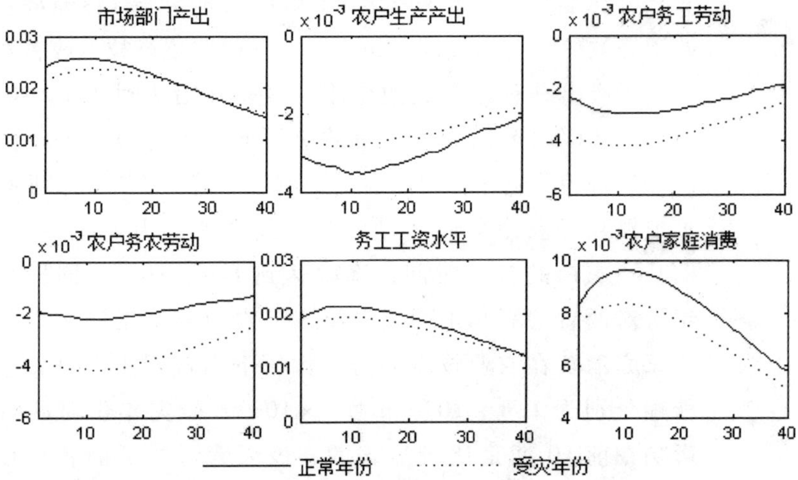

图 5－3　市场产品部门生产技术冲击的脉冲响应图

产品部门生产技术冲击对经济主体的动态影响主要是基于以下传导机制：①产品部门生产技术改善提升了企业资源

利用效率，生产规模也随之扩大，农业受灾对企业产出的影响更多来自于原材料价格上涨的间接作用，故区分是否为受灾年份对企业产出的影响相对较小；②生产技术改善提升了企业生产效率，农户务工时间相对缩减，同时工资水平出现提升，并将进一步刺激农户弃农务工，农业产出规模与农户务农时间均出现下降；③生产技术改善提升企业利润水平，农户务工人员工资上升，进而刺激农户家庭消费。由于受灾年份农户农业收入下降，故在一定程度上对冲工资收入上升的影响。

5.4.2 农户劳动生产技术的动态效应分析

图 5 – 4 分别给出了正常年份与受灾年份两种情形下，农户劳动生产技术水平发生 1% 单位正向冲击时各经济主体的动态效应。可以发现，第一，农业部门生产技术改善对农户生产产出具有正向刺激作用，最高升幅达到 2.8×10^{-3}，而对市场部门产出表现为负效应，下降幅度为 2.7×10^{-3}，区分是否为受灾年份对两者的影响不显著。第二，农业技术水平提升了农户务农劳动时间，最高涨幅为 1.35×10^{-3}，缩减了农户的务工时间，降幅达到 1.4×10^{-3}，同样受灾年份对两者的影响不明显。第三，农户务工工资水平与农户家庭消费在农业技术冲击的作用下出现同步上升，最高涨幅分别为 1.8×10^{-3} 和 4.1×10^{-4}，受灾年份对两者的影响在前 10 期是比较显著的，该因素对冲了两者在技术冲击刺激下的部分涨幅，而在 10 期以后对两者的影响非常微弱。

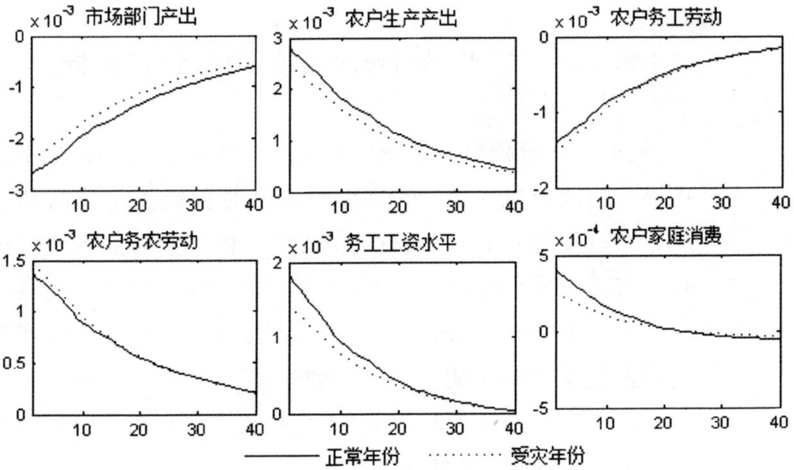

图 5－4　农户劳动生产技术冲击的脉冲响应图

农户劳动生产技术冲击对经济主体的动态影响主要是基于以下传导机制：①农户劳动生产技术改善提升了农业种植效率，扩大农产品产出规模，同时该因素提升了农户务农收入，在一定程度上降低了农户务工积极性，进而导致农户务工时间的下降与务农时间的上升，并且导致企业“用工荒”的出现，间接降低了企业产出规模；②农户生产技术改善引起农户务工人数下降，进而间接刺激了务工人员工资水平，同时农户收入水平上升在一定程度上促进了农户家庭消费；③通过考察受灾年份与正常年份各经济变量的不同，可以发现，在受灾年份，农户劳动生产技术冲击对市场部门产出影响相对较小，这主要是因为自然灾害事件减缓了农户生产技术改善对农业部门的正向效应，进而使得该因素对市场部门的负向冲击下降。另外，不同年份对农户务农与务工劳动时间的影响甚微，而在一定时期内对农户务工工资和消费水平产生短期影响，这是因为自然灾害等偶然性事件对宏观经济的影响通常是暂时性的，随着时间的推移，这种影响将逐渐被政府政策、市场机制等因素所对冲。

5.4.3 农产品价格水平的动态效应分析

图 5－5 分别给出了正常年份与受灾年份两种情形下，农产品价格水平发生 1% 单位正向冲击时各经济主体的动态效应。可以发现，第一，农产品价格上涨对市场部门产出构成负效应，下降幅度达到 2.2×10^{-3}，而对农户生产产出具有正向作用，上升幅度为 2×10^{-3}，同时发现受灾年份对农产品价格冲击基本没有影响。第二，农产品价格上涨缩减了农户务工时间，降幅达到 1.1×10^{-3}，而延长了农户务农时间，升幅达到 1.2×10^{-3}，同时受灾年份加剧了该冲击对两者的影响。第三，农产品价格上涨短期内促进了农户务工工资水平与家庭消费的提升，涨幅分别达到 1.5×10^{-3} 和 1.9×10^{-4}，但其影响效果随着时间的推移快速回落，并分别在第 30 期和 10 期回归零轴，之后进入负值水平。另外，务工工资水平与在受灾年份的变动不明显，而农户家庭消费出现了一定程度的下降。

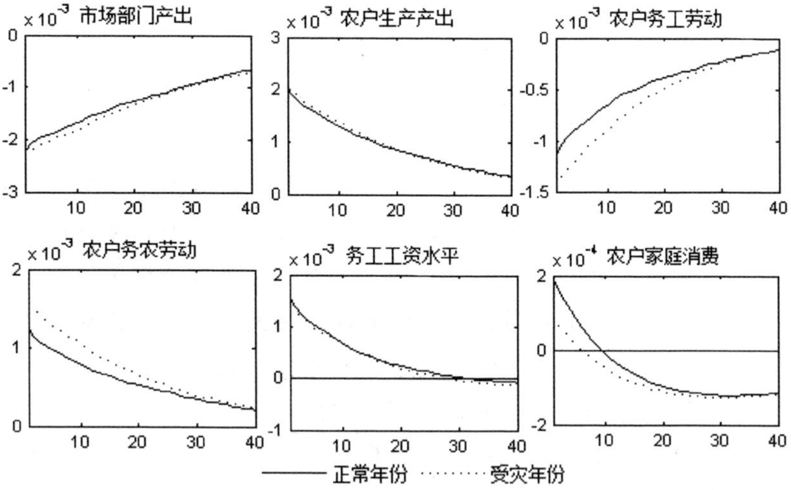

图 5－5 农产品价格水平冲击的脉冲响应图

农产品价格冲击对经济主体的动态影响主要是基于以下传导机制：①农产品价格上升提升原材料采购成本，企业生产利润下降，进而降低生产规模，而该因素在一定程度上提升了农户务农收入，刺激农户生产产出，同时受灾年份对两者的影响不明显；②农产品价格上涨提升农户的务农积极性，务农时间回升显著，同时对农户务工产生挤出效应，务工时间明显下降，同时受灾年份加剧了这一影响；③农产品价格上升间接导致农户务工人数下降，进而“用工荒”的出现刺激务工工资水平上升，进而带动农户家庭消费，然而，这种影响表现出短期性特征，长期来看影响较为有限。

5.4.4　政府惠民补贴政策的动态效应分析

图 5－6 分别给出了正常年份与受灾年份两种情形下，政府惠民补贴发生 1% 单位正向冲击时各经济主体的动态效应。可以发现，第一，惠民补贴仅在短期内对企业产出具有刺激作用，大约在第 17 期回归 0 值，之后出现一定的负面效应，而对农户生产产出的影响是正向的，且较为持久；同时受灾年份加剧了该冲击对两者的影响。第二，惠民补贴对农户务工与务农时间均存在一定的刺激作用，涨幅分别达到 1.5×10^{-3} 和 2.1×10^{-4}，且受灾年份该冲击对农户务农时间的影响相对更大。第三，惠民补贴对农户务工工资水平与家庭消费均具有一定的负面影响，降幅分别达到 2.1×10^{-3} 和 5.4×10^{-3}，且受灾年份进一步削减了务工工资水平，对家庭消费影响较小。

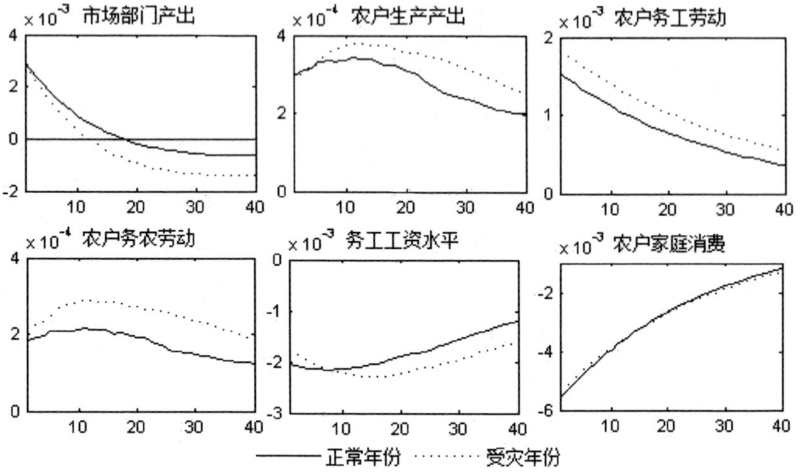

图 5－6　政府惠民补贴冲击的脉冲响应图

政府惠民补贴冲击对经济主体的动态影响主要是基于以下传导机制：①惠农补贴对农业生产的影响更为直接，故农户产出规模上升能够保持较强的持续性，而对企业部门的影响相对较小，故刺激效果快速回落；②惠农补贴通过提高对农户教育、医疗等方面的保障，削减了农户的家庭负担，进而提升农户工作的积极性，故务农与务工时间均显著上升；③由于政府加大对农户等家庭单位的财政支出，使企业利润空间受到压缩，进而降低了农户务工工资水平，同时家庭消费也出现一定幅度的回落。

5.4.5　政府农业补贴政策的动态效应分析

图 5－7 分别给出了正常年份与受灾年份两种情形下，政府农业补贴发生 1% 单位正向冲击时各经济主体的动态效应。可以发现，第一，农业补贴对农户生产产出具有较强的正效应，升幅达到 2.8×10^{-3}，而对市场部门产出的影响表现出先正后负的特征，且负效应持续周期较长，受灾年份对

两者的影响相对较小。第二，农业补贴刺激农户务工与务农时间均出现延长，升幅分别达到 1×10^{-3} 和 1.7×10^{-3}，且受灾年份显著提升了农户的务工时间，而对务农时间的影响相对较小。第三，农业补贴对务工工资水平与农户家庭消费产生负效应，降幅分别达到 1.2×10^{-3} 和 3×10^{-3}，且受灾年份该因素加剧了务工工资水平的下降幅度，而对农户家庭消费的影响较小。

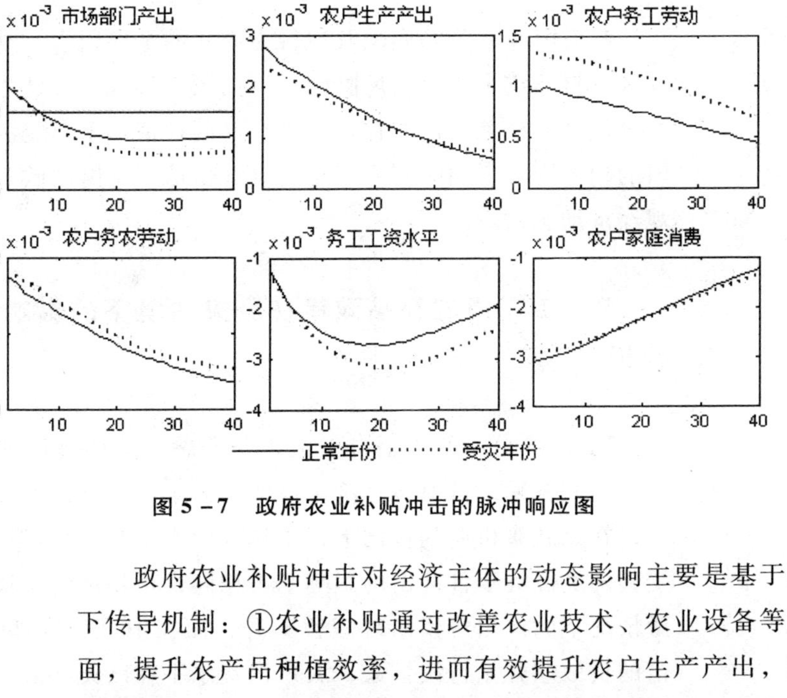

图 5－7　政府农业补贴冲击的脉冲响应图

政府农业补贴冲击对经济主体的动态影响主要是基于以下传导机制：①农业补贴通过改善农业技术、农业设备等方面，提升农产品种植效率，进而有效提升农户生产产出，而对市场部门产出的影响相对较小，且从长期来看，对企业产出构成一定的挤出效应；②农业补贴提升了农户务农的积极性，故务农时间显著上升，并且农业补贴在改善农户农业生产效率的同时，提升了农户外出务工的工作时间；③提高农业补贴将在一定程度上降低政府对企业的财政支出比例，进而对企业利润产生负面影响，务工工资水平下降，最终导致农户家庭消费也出现一定幅度的回落。

5.5 巨灾风险的政策机制分析

政府财政政策是影响农户行为方式的重要因素，本节通过区分自然灾害与金融风险两种巨灾风险形式，分别考察政府惠民补贴政策与农业补贴政策在这两种情形下对经济各部门的动态影响，同时研究双重灾难冲击情形下财政政策的宏观经济动态效应。

5.5.1 惠农补贴政策在巨灾情境下的影响机制分析

图 5－8 分别给出了自然灾害与金融风险两种巨灾情形下，惠农补贴政策对各经济主体的动态效应。可以发现，第一，在该政策机制的作用下，市场部门产出与农户家庭消费受到两类巨灾事件冲击的影响基本相同，市场部门在政策刺激情况下的产出规模出现短暂上升，而在 10 期以后巨灾冲击的负效应开始持续扩大，农户消费水平在巨灾冲击作用下的负效应更为显著，且惠农补贴政策对其的影响甚微。第二，农户生产产出与务农劳动受到两类巨灾事件冲击的影响存在较大差异，惠农补贴政策对金融风险冲击的缓冲作用更为明显，而对自然灾害稍弱，且该政策机制对两者的影响均表现出显著的持续性，有效抵御了两类巨灾风险的非预期冲击。第三，农户务工劳动与务工工资水平受到两类巨灾事件

冲击的影响差异相对较小，且惠农补贴政策对农户务工劳动受到自然灾害冲击下的缓冲作用较为显著，而对务工工资水平的影响相对较弱。

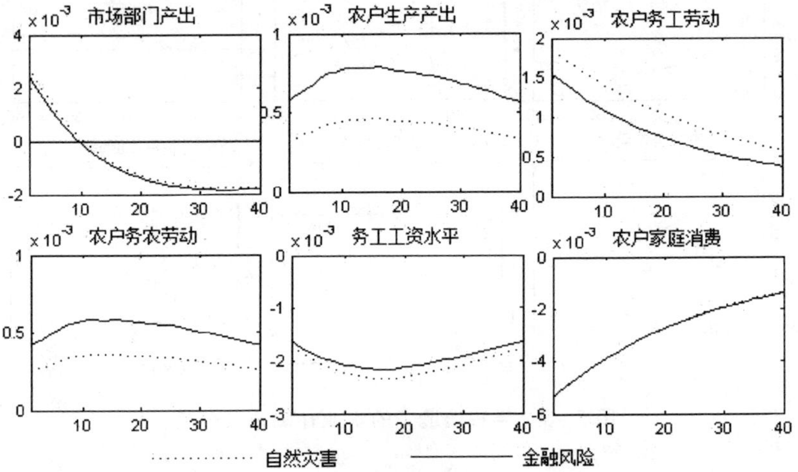

图 5－8　巨灾情境下的惠农补贴政策分析

5.5.2　农业补贴政策在巨灾情形下的影响机制分析

图 5－9 分别给出了自然灾害与金融风险两种巨灾情形下，农业补贴政策对各经济主体的动态效应。可以发现，第一，该政策机制对市场部门产出及农户务工劳动在自然灾害情境下的刺激作用较为显著，特别是农户务工劳动方面，不仅具有正效应，而且保持了较强的持续性效果。第二，该政策机制对农户生产产出、务农劳动及务工工资水平等方面在金融风险情境下的刺激作用较强，尤其是对农户生产产出和农户务工劳动具有持续性较强的正效应。第三，巨灾情境下该政策机制对农户家庭消费提升的效果甚微，且在两类巨灾

事件发生过程中表现出的作用差异较小。

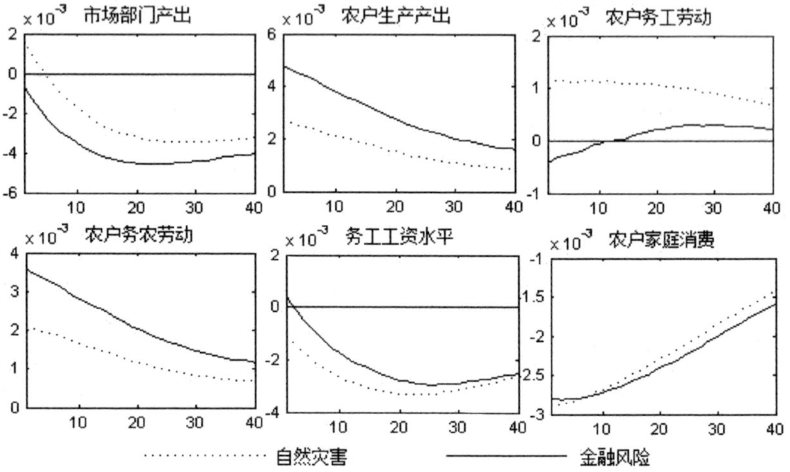

图 5-9　巨灾情境下的农业补贴政策分析

5.5.3　双重巨灾冲击下的政府补贴政策比较分析

图 5-10 分别给出了农业补贴政策、惠民补贴政策、两种补贴政策同时实施以及无政府补贴四种情形下，双重巨灾（自然灾害与金融风险共同作用）冲击对各经济主体的动态效应。可以发现，第一，市场部门产出在两种补贴政策同时实施的情形下受到巨灾冲击的影响最大，最低达到 5×10^{-4}。这是因为过多的政府支出用于农业与惠民补贴，导致对企业的财政支持力度出现挤出效应，进而降低了市场部门产出规模。而四种政策机制对农户生产产出的影响相对较小，且农户生产产出的复苏时间较市场部门产出更短。第二，两种补贴政策同时实施显著提升了农户务工时间，最高涨幅达到 2.8×10^{-4}，农业补贴、惠民补贴与无政府补贴三种情形对农户务工时间的影响依次下降，这是因为农业方面

的补贴越多，越有助于提升农业种植效率，改善农户的家庭负担，进而间接刺激农户外出务工。而四种政策机制对农户务农劳动时间的影响相对较小，且复苏时间也相对较短。第三，农户务工工资水平与家庭消费在短期内受到无政府补贴这一措施的影响最大，降幅分别达到 5.7×10^{-4} 和 2.4×10^{-4}，而两种补贴政策同时实施对两者的持续影响周期最长，这是因为在无政府补贴情形下，自然灾害对农业的冲击最为严重，进而使农户务工人数增多，短期内造成供大于求的居民，企业通过降低务工工资水平仍能够获得足够的劳动力。然而，从长期来看，随着政府补贴向农业部门的不断倾斜，企业所获财政支持力度下降，进而导致企业利润下降，务工工资水平长期处于较低水平，同时农户家庭消费与务工工资水平密切相关，其波动情形也保持一致。

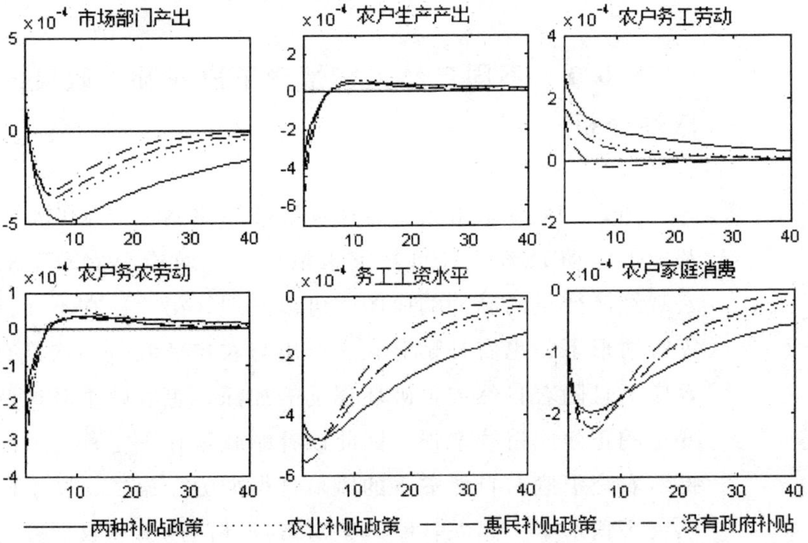

图 5－10　巨灾情境下的财政政策综合比较

5.6 敏感性分析

考虑到模型的稳健性问题，本部分通过调整巨灾风险核心参数，分析政府惠农补贴政策和农业补贴政策在不同巨灾情境下对各经济主体进行敏感性分析；本节主要从以下四种情形分别展开：①考察不同自然灾害情形下惠农补贴政策对各经济主体的动态效应；②考察不同自然灾害情形下农业补贴政策对各经济主体的动态效应；③考察不同金融风险情形下惠农补贴政策对各经济主体的动态效应；④考察不同金融风险情形下农业补贴政策对各经济主体的动态效应。

5.6.1 不同自然灾害情形下惠农补贴政策的敏感性分析

图 5 - 11 分别给出了自然灾害破坏比例参数基准水平以及上下浮动 15% 三种自然灾害情形下，政府惠农政策对各宏观经济变量的脉冲响应图。可以发现，第一，在不同自然灾害情形下，惠农补贴对农户产出与农户务农劳动均具有正效应，且随着自然灾害破坏程度的加深，惠农政策对这两个变量的正效应持续增强，因此该补贴政策在一定程度上能够提示农户家庭对自然灾害的风险抵御能力。第二，在不同自然灾害情形下，惠农补贴政策对市场部门产出和农户务工工资水平在短期内的影响没有显著差异，但 10 期以后这种差异逐渐加大，且整体上均具有较强的负效应，负效应大小与

自然灾害破坏程度呈正相关关系。第三，惠农补贴政策在不同自然灾害情形下对农户务工劳动和家庭消费的差异性均不显著。

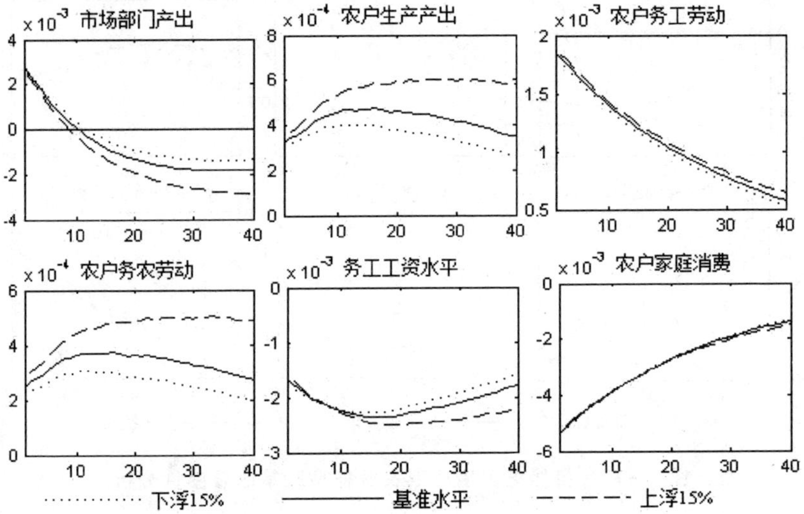

图 5－11　三种自然灾害情形下惠农补贴政策的敏感性分析

5.6.2　不同自然灾害情形下农业补贴政策的敏感性分析

图 5－12 分别给出了自然灾害破坏比例参数基准水平以及上下浮动 15% 三种自然灾害情形下，农业补贴政策对各宏观经济变量的脉冲响应图。可以发现，第一，在不同自然灾害情形下，农业补贴政策对市场部门产出、农户务工工资整体上均具有负效应，且动态特征基本一致，即在短期内差异较小，而长期来看差异逐步明显；第二，在不同自然灾害情形下，农业补贴政策对农户生产产出、务工劳动和务农劳动等三个变量均具有正效应，且随着自然灾害破坏程度的加深，该补贴政策对农户生产产出和务农劳动的正效应持续增

强，故农业补贴政策在一定程度上能够削弱自然灾害对农户家庭部门的影响。

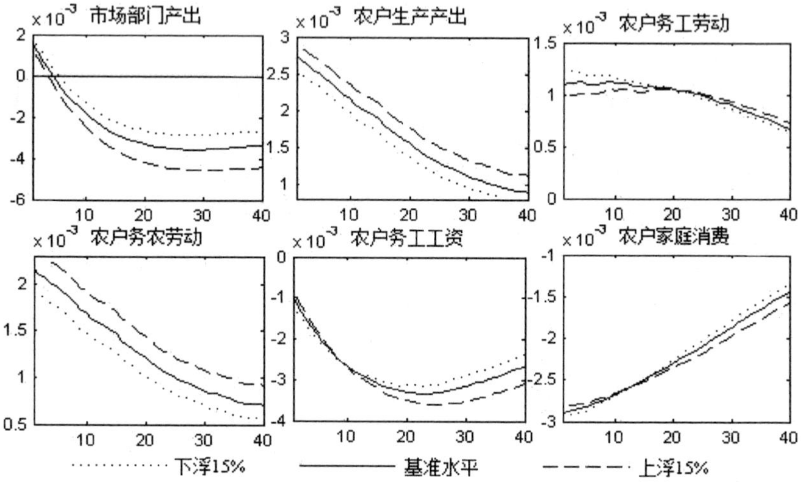

图 5－12　自然灾害情形下农业补贴政策的敏感性分析

5.6.3　不同金融风险情形下惠农补贴政策的敏感性分析

图 5－13 分别给出了金融风险破坏比例参数基准水平以及上下浮动 15% 三种金融风险情形下，惠农补贴政策对各宏观经济变量的脉冲响应图。可以发现，第一，惠农补贴政策对市场部门、农户务工工资和农户家庭消费均具有负效应，且对于不同程度的金融风险，该补贴政策对这三个变量的影响并没有显著的差异，特别是农户家庭消费；第二，在不同金融风险情形下，惠农补贴政策对农户生产产出、务工劳动和务工劳动均具有正效应，且随着金融风险破坏程度的加深，该补贴政策对农户生产产出和务工劳动的影响持续增强，故惠农补贴政策能够削弱金融风险对农户家庭部门的副作用。

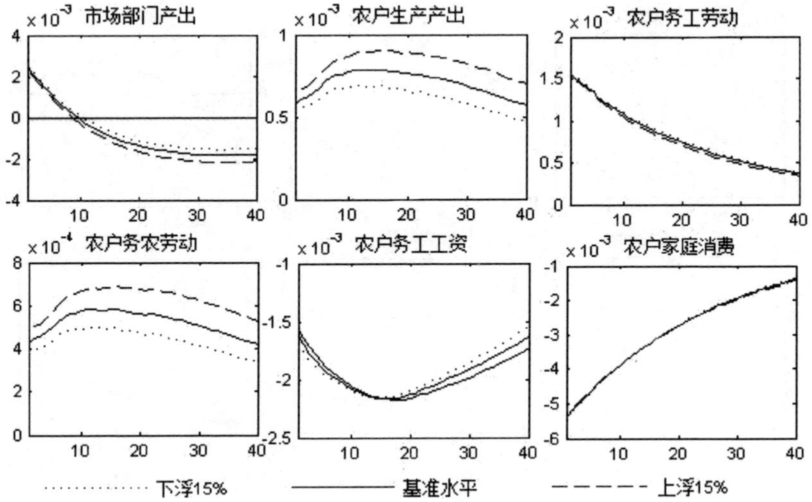

图 5－13　金融风险情形下惠农补贴政策的敏感性分析

5.6.4　不同金融风险情形下农业补贴政策的敏感性分析

图 5－14 分别给出了金融风险破坏比例参数基准水平以及上下浮动 15% 的三种金融风险情形下，农业补贴政策对各宏观经济变量的脉冲响应图。可以发现，第一，在不同的金融风险情形下，农业补贴政策对市场部门产出、农户务工工资和农户家庭消费均具有负效应，且金融风险的破坏程度越大，该政策对市场部门产出的负效应和持续性越强，而对农户务工工资和家庭消费并未出现此特征；第二，在三种金融风险情形下，农业补贴政策对农户务工劳动的影响为先负后正，且随着金融风险破坏程度的加深，负效应持续增强；第三，在三种金融风险情形下，农业补贴政策对农户生产产出和务农劳动的正效应均具有较强的持续性，且该影响与金融风险的破坏程度正相关。

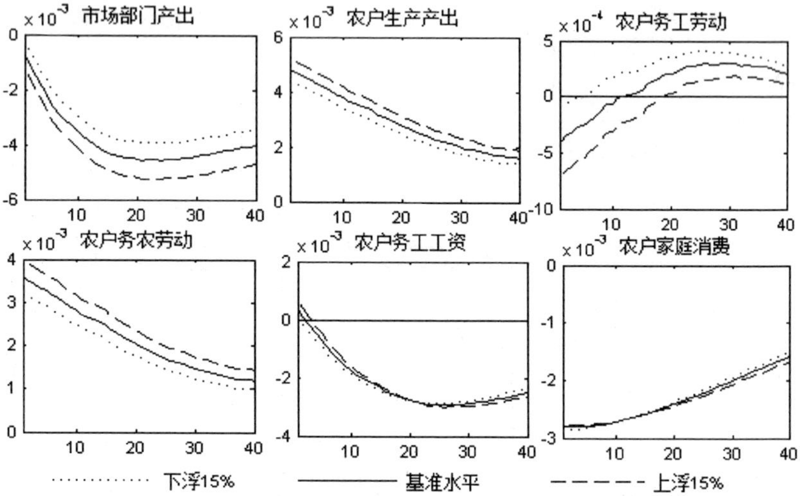

图 5-14 金融风险情形下农业补贴政策的敏感性分析

通过上述分析发现，在破坏程度不同的自然灾害或金融风险情形下，首先，两类补贴政策对农户生产产出和务工劳动均具有正效应，且随着巨灾事件破坏程度的加深，这两类政策的经济效应持续增强；相比较而言，在自然灾害情形下，农业补贴政策的整体表现优于惠农补贴政策，而在金融风险情形下，惠农补贴政策相对更优。因此，针对不同形式的巨灾风险，政府的农业财政政策应有所侧重。其次，惠农补贴政策短期内对市场部门产出具有正效应，而长期来看表现为负效应，农业补贴政策对市场部门产出也表现为负效应，且随着巨灾风险破坏比例的加深，负效应持续增强。再次，在不同自然灾害情形下，两类补贴政策对农户外出务工的影响均为负向的，但敏感性并不显著；在不同金融风险情形下，惠农政策补贴对农户外出务工的影响为正向的，敏感性也不显著，而农业补贴政策的影响为先负后正，且该影响与金融风险破坏程度也呈正相关性。最后，两类补贴政策对农户居民消费均具有负效应，但该影响与巨灾事件严重性的相关关系较弱。

5.7 研究结论

本章通过区分自然灾害与金融风险两种巨灾事件形式，构建包含巨灾风险因素的动态随机一般均衡模型，数值模拟市场产品部门与农户劳动生产技术、农产品价格、政府惠农补贴与农业补贴政策等外生变量对我国农户生产行为方式的动态影响。研究发现：

第一，从企业与农户生产技术冲击的视角来看，产品部门技术改善无论是否为受灾年份均能够显著提升企业产出规模，对农户产出、务工与务农时间均产生负效应，且受灾年份对后两者的影响更大。农业部门技术改善无论是否为受灾年份均对农户产出具有正向刺激作用，对企业产出表现为负效应，且有效提升了农户务农劳动时间，并缩减务工时间，而受灾年份农户务工工资与家庭消费在一定时期内受到巨灾冲击的负效应更大。

第二，从农产品价格及政府财政政策的视角来看，价格冲击对农户产出及务工工资具有正向作用，对企业产出构成负效应，是否为受灾年份对该冲击影响甚微，且该冲击缩减了农户务工时间，延长务农时间，同时受灾年份加剧了该冲击对两者的影响。惠农补贴政策对企业产出的影响表现为先正后负的特征，对农户产出具有正效应，且受灾年份加剧了该冲击对两者的影响，同时受灾年份加剧了惠农补贴对农户务农时间的刺激作用，并进一步削减了务工工资水平。农业补贴对农户产出具有较强的正效应，而对企业产出的影响表现出先正后负的特征，是否为受灾年份对两者的影响相对较小，该政策有效刺激农户务工与务农时间，且受灾年份对务工时间的提升更为明显，该政策对务工工资与家庭消费产生负效应，且受灾年份加剧了务工工资的下降幅度。

第三，通过区分自然灾害与金融风险两种形式，分别考察财政政策机制作用下不同类型巨灾冲击对各经济主体的影响。研究发现，在惠农补贴政策机制下，企业产出与家庭消费受到两类巨灾冲击的影响基本相同，而农户产出与务农劳动的表现存在较大差异，该政策对金融风险冲击的缓冲作用较自然灾害更加显著，且对两者均表现出显著的持续性。在农业补贴政策机制下，企业产出与农户务工劳动受到自然灾害冲击的影响较金融风险更为显著，而农户产出、务农劳动及务工工资等方面在金融风险冲击下的影响较强。在两种补贴政策共同作用下，企业产出受到巨灾冲击的负效应较单一财政政策及无政策情形更为显著，而农业产出及农户务农在不同政策机制下的影响相对较小，同时农户务工工资及家庭消费在两种补贴政策共同作用情形下较单一财政政策及无政策情形表现出先强后弱的特征。

第四，从财政政策敏感性分析的结果来看，在破坏程度不同的自然灾害或者金融风险情形下，两类补贴政策对农户产出与务农劳动均具有持续性较强的正效应，且与巨灾事件的破坏强度呈正相关性。同时，这两类政策对企业产出和农户务工工资长期内均具有负效应，且对企业产出的负面影响与两类巨灾事件的破坏程度呈正相关性，而对农户务工工资的负效应仅在自然灾害情形下表现出此特征。两类补贴政策对农户务工整体上具有正效应，而在金融风险情形下，农业补贴政策的正效应与金融风险的破坏程度呈负相关性。此外，这两类补贴政策对农户消费的影响均为负向的，且敏感性并不显著。

本章从巨灾风险的视角考察我国农户行为方式转变的动态特征，其研究结论为分析城镇化发展、“用工荒”现象、农村土地流转等问题提供一定的理论参考。基于此，在本章研究结论的基础上，本书从以下几个方面提出政策建议：首先，加大企业科技创新投入，提升生产与管理效率，全要素生产率的改善是扩大企业生产规模、提高员工工资水平及改变“用工荒”现象的关键因素，同时也是有效抵御巨灾冲击的重要经济变量；其次，积极推进农村土地流转、农业机械化与自动化，进而提升农户生产效率，增强巨灾风险的抵御能力；再次，完善农产品定价机制，并通过疏通价格传导渠道，有效降低农户与企业之间的价格传导时滞，进而削弱巨灾冲击对农户生产与外出务工行为的影响；最后，不同类型巨灾风险形式应采取差异化的农业财政政策，金融风险情境下应积极实施惠农补贴政策，进而在提升农户产出的同时保证企业生产的顺利进行，自然灾害情境下应积极采取农业补贴政策，提升企业产出规模的同时延长农户务工时间，在一定程度上降低“用工荒”现象的出现。无论何种情形，应尽量避免同时实施两种农业财政政策，降低对企业部门的挤出效应，保证宏观经济的平稳运行。

第 6 章

巨灾风险视角下我国产业结构波动特征及相关性研究

本章以次贷危机这一金融事件为例，采用灰色关联分析方法，定量分析次贷危机发生前后我国产业结构变动与经济增长之间的相关关系，进而研究巨灾风险对我国产业结构变动的影响以及不同行业部门在危机时期的演变特征。

6.1 引言

随着我国利率市场化、人民币国际化及全球经济一体化发展态势的日趋明显，使得我国宏观经济的发展难以独善其身，国际上的沟通与合作必将成为未来经济发展的主流。在日益复杂的国际金融形势下，金融危机的发生更易波及其他国家，这使得我国经济金融的平稳发展面临较大的潜在威胁。周小川曾在《国际金融危机：观察、分析与应对》一书中提到，新兴经济体的金融市场并不成熟，存在一定的缺陷，这需要时间进行修复。如 1997 年的东南亚金融危机以及 2007 年的次贷危机等巨灾事件均是由国外爆发危机之后传导我国，并对我国宏观经济产生较大影响。同时，近年来我国自然灾害发生较为频繁，如 2003 年“非典”疫情、2008 年汶川大地震等均使我国相关行业或地区遭受严重的损失。显然，巨灾事件的冲击已经成为影响我国宏观经济稳定的一个重要因素，加强灾难风险理论方面的研究，将为我国经济的持续平稳运行提供有力的支持。

近年来，次贷危机对全球经济所带来的阴影并未消失，包括欧洲及东南亚诸多国家的经济运行仍受到巨灾风险的持续影响。“2008 年金融风暴以来，希腊在萧条中已累计 2500 多亿欧元的巨额债务，相当于每个欧盟公民分摊 500 欧元之多。”① 欧债危机爆发以来，希腊就业形势一片惨淡，失业率常年保持 20% 以上，作为经济支柱的旅游业也遭遇重创。“截至 2015 年 7 月 20 日，……若届时希腊与债权人未能达成救助协议，……希腊成为国际货币基金组织历史上第一个出现债务违约的发达经济体。”② 金融风暴、欧债危机等巨灾事件严重影响国家经济的正常运行，政府投资、居民消费以及就业状况均受到显著的威胁。“2015 年 6 月 12 日至 8 月 26 日，中国 A 股沪深两市市值减少约 33 万亿元，相当于

① 马晓霖．希腊违约：会否酿成“蝴蝶效应”？[N]．北京青年报，2015 - 7 - 4.

② 白羽．欧盟领导人敦促最晚 12 日达成希腊救助协议 [N]．新华网，2015 - 7 - 8.

我国上年 GDP 的一半。”① 投资者对巨灾事件的心理预期加剧了中国资本市场的巨幅波动，“股灾”事件持续发酵所引发的 IPO 暂停、企业直接融资规模骤减等经济后果严重扰乱了家庭资产配置、企业的投融资行为以及政府经济措施的顺利实施。毋庸置疑，巨灾事件对宏观经济具有较大的冲击作用，且由于投资者对巨灾事件的心理预期（即巨灾风险），使得这种冲击表现出显著的持续性。那么，如何做到事前对巨灾事件的有效预防、事中应急措施的有效制定以及事后补救政策的有效实施，显然需要从更为科学的层面上进行严谨的回答。本章从产业结构的视角对次贷危机前后我国不同行业间的风险传导路径进行考察，不仅有助于我们从理论层面上拓展巨灾风险对宏观经济的相关研究，也有助于政府部门制定更具针对性的政策措施。

现有文献尚未发现采用灰色关联方法对巨灾事件发生前后产业结构特征与经济增长之间关系的相关研究。已有成果多使用数值模拟、经济计量方法进行相关分析。采用数值方法进行研究的代表性文献有：较早的研究如 Cochrane（1974）是较早采用一般均衡模型探讨灾难性事件与宏观经济之间关系的研究；之后，Cochrane & Harold（1984）通过取消固定生产系数的约束，探讨变动生产系数的情况下所带来的灾难性事件对宏观经济的影响，构建了更为一般化的均衡分析框架；Gourio（2012）、Gourio 等（2013）在动态随机一般均衡的框架下分别探讨了灾难性预期因素对美国宏观经济波动（封闭经济体与开放经济体两种情况）的影响等等。国内在该领域的相关研究相对较晚，如陈彦斌等（2009）将灾难风险因素引入到 Bewley 模型中，构建包含个体风险、总体风险与灾难风险的 DSGE 模型，较好地解释了

① 谢百三 . 2015 年中国政府救市评价与 2016 年之展望［N］. 中财网，2015 - 12 - 25.

中国城镇居民的财产分布状况；陈国进等（2014）研究了灾难风险对我国福利成本的影响，认为中国宏观稳定政策的收益主要来源于降低灾难发生的概率，而不是通常意义上的经济波动等。采用计量方法进行研究的代表性文献有：Carter & Simkins（2004）、Maillet & Michel（2005）也均基于“9·11”事件分别探讨了该事件对航空公司股票收益以及航空业成本的影响等；刘庆富和周程远（2012）采用 MCMC 估计方法，并对我国较长时期内发生的灾难性事件进行分类统计，实证研究了自然灾害、政治事件以及经济灾难对我国期货市场的影响；赵静梅等（2014）通过区分灾难性事件为自然灾害与人为灾害，分别探讨两者对灾难发生所在地的上市公司的影响。他们研究发现，自然灾害冲击对股票价格的负面影响要大于人为灾害冲击，且受灾地区股票表现出一定的传染性，齐涨齐跌现象较为突出等。

本章的结构安排如下：6.2 部分是研究方法的具体阐述及数据的选取；6.3 部分是巨灾情境下产业结构与宏观经济之间的关联度分析；6.4 部分是巨灾情境下不同行业间的关联度分析；6.5 部分给出结论，并提出政策建议。

6.2 研究方法与数据选取

考虑到巨灾事件发生的间断性与不可持续性，同时参考孙晓东等（2005）、齐志强等（2011）的观点，我们采用灰色关联度方法考察巨灾事件发生的多个时点经济增长（GDP）与各个行业经济增加值之间的相关关系，旨在更为有效地分析巨灾事件的成因、发展以及提高补救措施的针对性。由于我国不同行业间的政策环境、法律环境等均存在较大差异，故本章基于国家统计局 2012 年制定的《三次产业划分规定》及《国民经济行业分类（GB/T 4754 - 2011）》的分类标准，将我国主要行业划分为农林牧渔、工业、建筑业等九个行业和三大产业，通过分别考察 GDP 与各个行业（宏观经济与资本市场两个层面）、不同行业间的关联度，探究次贷危机发生前、中、后三个时期不同行业与经济增长、各个行业之间的互动机制及传导路径。

由于灰色关联方法对样本量的多少及样本是否具有明显规律性均无特殊要求，这弥补了计量分析方法的种种局限，也使得巨灾事件发生的偶然性所导致的数据的不连续及数据遗漏问题得到更为合理的解决，同时也保持了分析结论的可靠性与准确性。本章的原始数据来自于中国统计年鉴。选取国内生产总值（GDP）作为反映我国经济增长的参考指标，同时选取各行业增加值作为系统相关因素，具体行业数据如表 6 - 1 所示。

表 6 - 1　　我国各行业增加值——当季值　　单位：亿元

时期 行业	2005 年				2006 年			
	第一季度	第二季度	第三季度	第四季度	第一季度	第二季度	第三季度	第四季度
GDP	40453.3	44793.1	48047.8	54024.8	47078.9	52673.3	56064.7	63621.6
农林牧渔	2986.8	4571	6690.4	8168	3133.1	4907.4	7129.6	8866.2
工业	16766.7	18925.5	20073.7	22194.7	19735.3	22620.6	23721.3	26161.2
建筑业	1451.8	2568.9	2773.6	3606.1	1753.1	3036.7	3301.6	4358.7
批发和零售业	3339.2	3458.5	3446.2	3722.2	3939.7	4094	4087.4	4409.6
交通运输、仓储和邮政业	2554.9	2867.6	2540.5	2705.7	2868.8	3161.8	2899.7	3256

续表

时期 行业	2005年				2006年			
	第一季度	第二季度	第三季度	第四季度	第一季度	第二季度	第三季度	第四季度
住宿和餐饮业	1048.4	1035.4	1052.5	1059.4	1178.2	1158.1	1212.2	1244.1
金融业	1931.6	1677.8	1798.5	2061.7	2461.2	2265	2376.1	2849.3
房地产业	1997.2	1953.4	2106.7	2459.1	2423	2413.2	2501.6	3032.7
其他行业	8376.7	7734.9	7565.6	8047.9	9586.5	9016.6	8835.1	9443.8
第一产业	2884	4438.6	6527.7	7956.4	3012.7	4750	6937.7	8616.6
第二产业	18159.5	21425.8	22774.6	25724.5	21418.7	25575.4	26937.2	30430.5
第三产业	19409.8	18928.7	18745.5	20343.8	22647.4	22347.9	22189.8	24574.5

时期 行业	2007年				2008年			
	第一季度	第二季度	第三季度	第四季度	第一季度	第二季度	第三季度	第四季度
GDP	57177	64809.6	69524.3	78721.4	69410.4	78769	82541.9	88794.3
农林牧渔	3624.6	5711	8614.1	10674	4573.7	7103.6	10166	11855.8
工业	23904	27483.1	28742.6	31564.1	29040.1	33720.3	34147.4	34819.8
建筑业	2167.4	3745.1	4024.2	5411.4	2699.7	4677.4	4898.1	6532.4
批发和零售业	4864.4	5135.8	5185.5	5752.1	6030.9	6458	6612.7	7080.8
交通运输、仓储和邮政业	3354.3	3814.9	3448.8	3987.1	3892.4	4383.3	3984.7	4107.2
住宿和餐饮业	1322.3	1295.8	1366.5	1563.5	1602.3	1535.2	1647.8	1830.8
金融业	3724.3	3683.1	3891.3	3875	4508.9	4394	4599.3	4811.2
房地产业	3011	3250.8	3442.9	4105.1	3550.7	3648.6	3480.4	4059
其他行业	11204.8	10689.9	10808.3	11789.2	13512	12848.5	13005.4	13697.4
第一产业	3486.4	5532.5	8387.6	10381.5	4407.4	6892.4	9911.9	11541.5
第二产业	25983.8	31126.9	32661	36861.9	31613.8	38249.1	38895.6	41198.1
第三产业	27706.8	28150.2	28475.7	31478	33389.2	33627.5	33734.3	36054.7

续表

时期 行业	2009 年				2010 年			
	第一季度	第二季度	第三季度	第四季度	第一季度	第二季度	第三季度	第四季度
GDP	74053.1	83981.3	90014.1	101032.8	87616.7	99532.4	106238.7	119642.5
农林牧渔	4618.6	7219.9	10448.7	12936.1	5136.3	8229.6	12231.9	14932.3
工业	29383.4	33843	35372.5	39496.6	35589.2	40838.4	41796.6	46902.2
建筑业	3294.1	5684.8	6096.7	7605.8	3939	6771.5	7302	9246.8
批发和零售业	6735.9	7010	7257.9	7997.7	8257.5	8645.7	9000.6	10000.6
交通运输、仓储和邮政业	3702.5	4137.7	4266.8	4415.3	4203.9	4759	4853.6	4967.1
住宿和餐饮业	1689.5	1616.3	1722.7	1928.6	1814.8	1768.8	1956.7	2171.7
金融业	5268.3	5266.1	5540.1	5723.5	6270	6170.7	6506.1	6733.6
房地产业	4151.2	4741.7	4694.7	5379.3	5351.6	5692.9	5690.3	6835
其他行业	15209.6	14461.8	14614	15549.8	17054.5	16655.8	16900.8	17853.2
第一产业	4441.1	6987	10165.8	12567.9	4944.8	7975.1	11914.4	14528.2
第二产业	32549.6	39379.3	41313.7	46929	39365.2	47423	48907.2	55934.3
第三产业	37062.4	37615	38534.6	41535.9	43306.7	44134.3	45417	49180

关于灰色关联分析的具体计算主要包括四个步骤，具体如下：

6.2.1 选取研究序列

本章将巨灾事件划分为三个时间窗口，分别为次贷危机前（2005 年第一季度至 2007 年第三季度）、次贷危机时期（2007 年第四季度至 2008 年第四季度）和次贷危机后（2009 年第一季度至 2010 年第四季度），同时选取各行业增加值以及国内生产总值作为本章的研究对象，记为 $A_i = \{a_i(1), a_i(2), \cdots, a_i(n)\}$；其中，$i=0, 1, 2, \cdots, m$，表示各个行业部门增加值，$i=0$ 表示国内生产总值；$a_i(j)$ $(j=1, 2, \cdots, n)$ 表示 i 行业在第 j 季度的增加值，$A_0(j)$ 表示国内生产总值在第 j 季度的当季值。

6.2.2　计算灰色绝对关联度

灰色绝对关联度衡量序列 A_0 与 A_i 的相似程度，计算公式可表示为：

$$\Omega_{0i} = \frac{1 + |r_0| + |r_i|}{1 + |r_0| + |r_i| + |r_i - r_0|} \tag{6-1}$$

其中，$r_i = \sum_{k=2}^{n-1} |a_i^0(k)| + \frac{1}{2}|a_i^0(n)|$，$r_0 = \sum_{k=2}^{n-1} |a_0^0(k)| + \frac{1}{2}|a_0^0(n)|$，$r_i$ 表示某时期内第 i 种行业总的增长水平，r_0 表示某时期内国内生产总值总的增长水平，同时，设定 $a_i^0(j) = |a_i(j) - a_i(1)|(i=0, 1, 2, \cdots, 12; j=1, 2, \cdots, n)$。

6.2.3　计算灰色相对关联度

灰色相对关联度衡量序列 A_0 与 A_i 相对于初始点的变化速率的接近程度，计算公式可表示为：

$$\Omega'_{0i} = \frac{1 + |r'_0| + |r'_i|}{1 + |r'_0| + |r'_i| + |r'_i - r'_0|} \tag{6-2}$$

其中，$r'_i = \frac{r_i}{a_i(1)} = \left[\frac{a_i(1)}{a_i(1)}, \frac{a_i(2)}{a_i(1)}, \cdots, \frac{a_i(n)}{a_i(1)}\right]$，$i=0, 1, 2, \cdots, 12$；$r_i$ 与 r_0 的计算过程与6.2.2的计算步骤相同。

6.2.4 计算灰色综合关联度

灰色综合关联度是灰色绝对关联度与灰色相对关联度的加权平均，不仅反映了序列 A_0 与 A_i 的相似程度，也反映出两个序列相对于初始点变化速率的相似性，能够更为全面地比较序列之间的相关关系。因此，该关联度可表达为：

$$\Theta_{0i} = \theta\Omega_{0i} + (1-\theta)\Omega'_{0i} \tag{6-3}$$

其中，$0 \leqslant \theta \leqslant 1$，$\theta$ 越接近于 1，说明更关注两序列相关性的绝对量，越接近于 0，说明更关注两序列相关性的相对量，即变化速率的相关性。结合我国宏观经济的发展历程，可知单个行业增加值的增长速率越快，则该行业与宏观经济的相关性越紧密，反之亦然。我们认为，行业增加值与经济增长的关联性及行业增加值的变动速率与经济增长的关联性是同等重要的，因此本章取 $\theta = 0.5$。

6.3 巨灾情境下产业结构与宏观经济关联度分析

我国产业结构波动与经济增长息息相关，随着近年来产业结构调整的日趋深入，行业的竞争及互补效应对我国宏观经济的影响持续加大。本节通过比较次贷危机前、中、后三个时间窗口行业间的关联性，探究巨灾情境下产业结构变动与我国宏观经济之间的传导路径及内在机制。我们主要从两个方面进行考察：一是基于宏观经济数据，分析九个行业及三大产业与 GDP 之间的相互关联；二是从资本市场的角度进行考察，探讨各个行业的资本市场指数与上证指数之间的相关关系，具体结果见表6－2至表6－5。

表6－2　　产业结构与宏观经济关联度分析（绝对关联度）

时期 / 行业	国内生产总值（GDP）		
	次贷危机前	次贷危机时期	次贷危机后
①农林牧渔	0.6035	0.5212	0.6145
②工业	0.7159	0.5529	0.7022
③建筑业	0.5560	0.5599	0.5702
④批发和零售业	0.5289	0.5811	0.5320
⑤交运、仓储和邮政业	0.5177	0.9419	0.5172
⑥住宿和餐饮业	0.5046	0.7813	0.5031
⑦金融业	0.5234	0.5867	0.5157
⑧房地产业	0.5213	0.6226	0.5272
⑨其他行业	0.5287	0.5411	0.5180
第一产业	0.6011	0.5218	0.6122
第二产业	0.7710	0.9195	0.7713
第三产业	0.6279	0.5236	0.6165

表6－2给出了次贷危机前后各行业增加值与GDP的灰色绝对关联度，可以发现：①从具体行业来看，农林牧渔、工业等与GDP的绝对关联度在次贷危机时期出现显著下降，而批发和零售业、交运、仓储和邮政业、住宿和餐饮业、金融业、房地产业在次贷危机时期与GDP的相关度明显上升，特别是交运、仓储和邮政业及住宿和餐饮业，而建筑业在次贷危机时期的表现不显著；②从产业结构的角度来看，第一产业和第三产业与GDP的绝对关联度在次贷危机时期出现一定程度的下降，而第二产业显著上升。

表 6－3　　产业结构与宏观经济关联度分析（相对关联度）

时期 / 行业	国内生产总值（GDP）		
	次贷危机前	次贷危机时期	次贷危机后
①农林牧渔	0.6942	0.6807	0.6595
②工业	0.9824	0.9063	0.9925
③建筑业	0.6755	0.7239	0.6838
④批发和零售业	0.8695	0.7698	0.8812
⑤交运、仓储和邮政业	0.8087	0.9281	0.8754
⑥住宿和餐饮业	0.7191	0.8910	0.7094
⑦金融业	0.9913	0.7286	0.7764
⑧房地产业	0.9395	0.7794	0.9879
⑨其他行业	0.6844	0.7745	0.6708
第一产业	0.6921	0.6803	0.6568
第二产业	0.9233	0.9961	0.9211
第三产业	0.7962	0.8266	0.7866

表 6－3 给出了次贷危机前后各行业增加值与 GDP 的灰色相对关联度，可以发现：①从具体行业来看，工业、批发和零售业、金融业、房地产业等与 GDP 的相对关联度在次贷危机时期出现显著下降，而建筑业、交运、仓储和邮政业、住宿和餐饮业在次贷危机时期与 GDP 的相关度明显上升，特别是住宿和餐饮业，而农林牧渔业在次贷危机时期的表现不显著；②从产业结构的角度来看，第二产业和第三产业与 GDP 的相对关联度在次贷危机时期出现小幅上升，第一产业受到次贷危机的影响相对较小。

表 6－4　　产业结构与宏观经济关联度分析（综合关联度）

时期 / 行业	国内生产总值（GDP）		
	次贷危机前	次贷危机时期	次贷危机后
①农林牧渔	0.6489	0.6009	0.6370
②工业	0.8492	0.7296	0.8473
③建筑业	0.6157	0.6419	0.6270

续表

时期 行业	国内生产总值（GDP）		
	次贷危机前	次贷危机时期	次贷危机后
④批发和零售业	0.6992	0.6754	0.7066
⑤交运、仓储和邮政业	0.6632	0.9350	0.6963
⑥住宿和餐饮业	0.6119	0.8361	0.6062
⑦金融业	0.7573	0.6576	0.6460
⑧房地产业	0.7304	0.7010	0.7575
⑨其他行业	0.6065	0.6578	0.5944
第一产业	0.6466	0.6010	0.6345
第二产业	0.8472	0.9578	0.8462
第三产业	0.7120	0.6751	0.7015

表 6－4 给出了次贷危机前后各行业增加值与 GDP 的灰色综合关联度，可以发现：①从具体行业来看，农林牧渔、建筑业、批发零售业、房地产业及其他行业等在次贷危机前后及次贷危机时期与 GDP 相关度波动较小，而工业、金融业在次贷危机时期与 GDP 的相关度显著下降，交通运输业、住宿餐饮业受到次贷危机的冲击非常明显，其相关度在次贷危机时期非常显著；②从产业结构层面来看，第一产业和第三产业在次贷危机时期与 GDP 的相关度小幅回落，次贷危机后快速回升，而第二产业与 GDP 的相关度在次贷危机时期显著上升，之后恢复至原有水平。

从上述特征可得以下结论：①由于次贷危机时期我国经济增速停滞甚至下降，而工业、金融业等在此期间与 GDP 的相关性显著下降，说明我国工业、金融业对次贷危机具有较强的抵御作用，使得其增加值并未随着宏观经济的下滑出现较大幅度的同步下降。同时，由于我国大型工业和金融企业以国有企业为主，这也使得我国这两个行业能够在经济危机期间更好的保持经济的稳定运行。我国农林牧渔、房地产业在次贷危机期间对经济稳定也表现出同样的作用特征，只是力度相对较弱。②交通运输及餐饮业等与公共服务联系紧密的行业受到次贷危机的影响较为明显，危机期间其增加值下降速率基本与 GDP 同步。③批发零售及其他行业与 GDP 的相关度受到次贷危机的影响相对较小，这也反映出国际金融危机的传导对终端销售及部分服务业的影响相对较弱。

表 6－5　产业结构与宏观经济关联度分析（资本市场表现）

行业 \ 时期	上证指数		
	次贷危机前	次贷危机时期	次贷危机后
农林牧渔	0.7394	0.5569	0.7518
工程机械	0.6387	0.6911	0.6838
建筑	0.7623	0.6494	0.8216
仓储物流	0.7198	0.6445	0.7291
酒店餐饮	0.7455	0.6511	0.7115
银行	0.7592	0.8004	0.8199
房地产	0.7123	0.8183	0.7525

为了规避股权分置改革对股票市场的影响，本章统计了 2005 年 7 月 1 日—2010 年 6 月 30 日期间各行业指数在我国股票市场中的表现，同时基于次贷危机前后上证指数的运行特征，将巨灾事件划分为三个时间窗口，次贷危机前（2005 年 7 月 1 日—2017 年 10 月 31 日）、次贷危机时期（2007 年 11 月 1 日—2008 年 10 月 31 日）和次贷危机后（2008 年 11 月 1 日—2010 年 6 月 30 日）。

表 6－5 给出了次贷危机前后资本市场各行业指数与上证综合指数之间的相关关系，可以发现：①农林牧渔、建筑、仓储物流、酒店餐饮等行业的金融指数与上证综指在次贷危机时期的相关度出现显著下降，而银行与房地产等行业在次贷危机时期的相关性出现较大幅度上升，工程机械受到次贷危机的影响较小。②从表 6－2 与表 6－3 对比可以看

出，次贷危机时期，农林牧渔、仓储物流、酒店餐饮等行业的金融指数与上证指数的相关度显著低于上述行业与 GDP 的相关度，而银行、房地产等行业指数与上证指数的相关度要高于两行业与 GDP 的相关度。同时，次贷危机前后工程机械的行业指数变动与工业的宏观经济表现也存在加大差异。③次贷危机前后，农林牧渔、建筑、仓储物流和酒店餐饮等行业指数与在资本市场上的相关度显著高于同时期上述行业与 GDP 的相关度。

从上述特征可得以下结论：①次贷危机时期，由于银行与房地产等行业股票价格与上证指数关联度显著上升，这放映出当时这两行业股价下跌情形与上证指数暴跌基本保持同步，而农林牧渔等行业与上证指数的相关度下降，这表明这些行业相关股票价格并未随着上证指数暴跌出现同步或过度反应，反而对次贷危机等国际金融风险具有一定的防御性。②从表 6 - 1 与表 6 - 2 对比结果可知，次贷危机在资本市场上的风险传导在银行、房地产等行业股票体现得更为明显，在农林牧渔、仓储物流及酒店餐饮等行业股票的风险传导相对较弱。然而，在我国宏观经济中，次贷危机对我国交运、仓储和邮政业、住宿和餐饮业等行业的风险传导更为显著，而对农林牧渔、建筑业等行业的风险传导相对较弱。

6.4 巨灾情境下不同行业间关联度分析

不同行业之间的联动性及互补性能够加剧或对冲行业内部风险，进而影响宏观经济的平稳运行。本节从次贷危机前、中、后三个时期分析不同行业之间的相关关系，进而探究巨灾情境下各个行业增加值波动所带来的经济增长与经济风险之间的联动性特征。

表 6 – 6 给出了次贷危机前我国各个行业之间的灰色综合关联度。可以发现：①从横向来看，农林牧渔、建筑业及住宿与餐饮业与多数行业的关联度均偏低，基本保持在 0.80 以下，特别是农林牧渔和住宿与餐饮业、建筑业和住宿与餐饮业的关联度均低于 0.60，仅有农林牧渔与建筑业相关度较高，达到 0.8611。批发和零售业、交运、仓储和邮政业两者与多数行业均保持较高的关联度，达到 0.80 以上，仅与住宿和餐饮业的关联度稍低，分别为 0.6882、0.7425。金融业与房地产业之间的关联性最高，两者关联度达到 0.9508。②从纵向来看，交运、仓储和邮政业与批发和零售业、金融业与批发和零售业及交运、仓储和邮政业均保持较高的关联度，均达到 0.80 以上。房地产业与批发和零售业及交运、仓储和邮政业的相关度也较高，分别达到 0.8939、0.8842。其他行业与批发和零售业、交运、仓储和邮政业、金融业及房地产业均保持较高的关联性，均达到 0.80 左右。

表 6 – 6　　不同行业间的灰色关联度（次贷危机前）

行业	①	②	③	④	⑤	⑥	⑦	⑧	⑨
①	1.0000	0.7205	0.8611	0.6416	0.6028	0.5537	0.6519	0.6367	0.6050
②	…	1.0000	0.6557	0.7118	0.6695	0.6111	0.7641	0.7366	0.6221
③	…	…	1.0000	0.6941	0.6334	0.5591	0.6907	0.6721	0.6603
④	…	…	…	1.0000	0.8622	0.6882	0.8902	0.8939	0.8723
⑤	…	…	…	…	1.0000	0.7425	0.8467	0.8842	0.8041
⑥	…	…	…	…	…	1.0000	0.6609	0.6790	0.7506
⑦	…	…	…	…	…	…	1.0000	0.9508	0.7980

续表

行业	①	②	③	④	⑤	⑥	⑦	⑧	⑨
⑧	…	…	…	…	…	…	…	1.0000	0.7904
⑨	…	…	…	…	…	…	…	…	1.0000

注：①②…⑨等标记的相关解释参看表6-2。

表6-7给出了次贷危机时期我国各个行业之间的灰色综合关联度。可以发现：①从横向来看，农林牧渔、工业两者与多数行业的相关度较次贷危机前出现显著提升，特别是工业与建筑业、工业与批发零售业及工业与其他行业的关联度均上升至0.80以上，分别为0.8588、0.8292和0.8629。批发零售业与交运、仓储和邮政业及金融业的相关性也大幅提升，分别达到0.8921和0.9175。交运、仓储和邮政业与金融业及其他行业的相关度出现明显下降，分别为0.6718和0.6785。金融业与房地产业及其他行业的关联度也出现小幅回落，住宿与餐饮业和多数行业的关联度在次贷危机时期的变动相对较小。②从纵向来看，住宿和餐饮业与工业及交运、仓储和邮政业的关联度较次贷危机前出现显著上升，分别达到0.7554和0.8875。金融业与建筑业及交运、仓储和邮政业的相关度升幅较大，而和住宿与餐饮业的关联度出现快速下降，仅为0.6718。房地产业与农林牧渔业及建筑业关联度出现一定幅度的上升，分别为0.7049和0.8224，而与交运、仓储和邮政业、金融业的相关性出现下降，仅为0.7174和0.8813。

表6-7　不同行业间的灰色关联度（次贷危机时期）

行业	①	②	③	④	⑤	⑥	⑦	⑧	⑨
①	1.0000	0.7114	0.7903	0.7329	0.6149	0.6215	0.7588	0.7049	0.7937
②	…	1.0000	0.8588	0.8292	0.7607	0.7554	0.7932	0.7798	0.8629

续表

行业	①	②	③	④	⑤	⑥	⑦	⑧	⑨
③	…	…	1.0000	0.8921	0.6572	0.6600	0.9175	0.8224	0.8755
④	…	…	…	1.0000	0.6934	0.6953	0.9454	0.9066	0.8724
⑤	…	…	…	…	1.0000	0.8875	0.6718	0.7174	0.6785
⑥	…	…	…	…	…	1.0000	0.6706	0.7132	0.6871
⑦	…	…	…	…	…	…	1.0000	0.8813	0.8265
⑧	…	…	…	…	…	…	…	1.0000	0.8294
⑨	…	…	…	…	…	…	…	…	1.0000

注：①②…⑨等标记的相关解释参看表6－2。

表6－8给出了次贷危机后期我国各个行业之间的灰色综合关联度。可以发现：①从横向来看，农林牧渔与多数行业之间的相关关系较次贷危机时期出现快速下滑，特别是与住宿和餐饮业、金融业的关联度仅为0.5402、0.5783，仅与建筑业的关联度出现上升，达到0.8701。工业和建筑业两行业与多数行业的关联度均出现大幅回落，特别是建筑业与批发和零售业、建筑业与金融业的关联度仅为0.6839和0.6066。批发和零售业与交运、仓储和邮政业的相关性出现上升，与其他多数行业也保持下降态势。交运、仓储和邮政业与金融业及房地产业的关联度出现显著回升，分别达到0.9116、0.8506。②从纵向来看，住宿和餐饮业、金融业与多数行业的相关性较次贷危机时期出现一定程度的下降，特别是住宿和餐饮业与建筑业、金融业与农林牧渔的关联度分别降至0.5495、0.5783。房地产业与多数行业的关联度较次贷危机时期出现一定下降，特别是房地产业与建筑业的关联度由0.8224降至0.6865。

表6-8 不同行业间的灰色关联度（次贷危机后）

行业	①	②	③	④	⑤	⑥	⑦	⑧	⑨
①	1.0000	0.7226	0.8701	0.6305	0.5974	0.5402	0.5783	0.6372	0.5666
②	…	1.0000	0.6800	0.7272	0.7062	0.6069	0.6555	0.7739	0.6064
③	…	…	1.0000	0.6839	0.6303	0.5495	0.6066	0.6865	0.5957
④	…	…	…	1.0000	0.8808	0.6616	0.8038	0.9080	0.7532
⑤	…	…	…	…	1.0000	0.6845	0.9116	0.8506	0.8521
⑥	…	…	…	…	…	1.0000	0.7389	0.6358	0.7470
⑦	…	…	…	…	…	…	1.0000	0.7856	0.8714
⑧	…	…	…	…	…	…	…	1.0000	0.7535
⑨	…	…	…	…	…	…	…	…	1.0000

注：①②…⑨等标记的相关解释参看表6-2。

对比表6-6、表6-7和表6-8，可得以下结论：①次贷危机发生前与次贷危机时期各行业之间的相关关系存在较大差异，农林牧渔、工业等行业与多数行业在次贷危机时期的关联度显著提升，住宿与餐饮业变动不明显，金融业、房地产业与多数行业的关联度分化明显，而交运、仓储和邮政业与多数行业的关联度出现下降。②次贷危机后各行业的相关关系与次贷危机前及次贷危机时期均存在一定差异，农林牧渔、工业及建筑业与多数行业的关联度在三个时期基本维持向上升后下降的情形，仅农林牧渔与建筑业表现为先下降后上升的逆向特征。批发和零售业与多数行业的关联度在次贷危机前后变化不明显，仅与交运、仓储和邮政业的关联度出现先下降后上升的态势。金融业和房地产业与多数行业的关联度在次贷危机前后也保持先上升后下降的情形，这两行业仅与交运、仓储和邮政业的关联度表现为先下降后上升的逆向特征。

6.5 研究结论

通过对次贷危机前后不同行业与宏观经济及行业间的灰色关联分析，可以得到如下几点结论：

第一，从整体宏观经济来看，以公共交通、餐饮业等公共服务业为主的行业受到次贷危机的冲击最为明显，而以工业、金融业为代表的国家主导产业对次贷危机具有较强的抵御作用，批发零售及其他行业与经济增长之间的关系受到次贷危机的影响不明显。基于此，我们认为，从政策层面上应对不同行业的政策扶持保持一定的倾向性，特别是经济动荡时期，如加强对公共服务业的税收补贴和财政支出，对该行业相关公司加强信贷支持等，同时对金融业、工业等行业保持一定的控制力，通过对大型国有企业的调控稳定整体经济环境。

第二，从资本市场来看，次贷危机事件在我国股票市场中的风险传导更多地体现在金融和房地产等行业，投资者在巨灾事件发酵期间的首要做空标的也集中在这两个行业，而其他行业（如农林牧渔、建筑等）股票在资本市场中的表现相对抗跌，并未随着上证指数的暴跌出现剧烈波动。这一现象体现出我国资本市场与宏观经济两者对巨灾事件的反应存在较大差异，也从侧面反映出我国投资者及股票市场不成熟，部分行业股票并未完全放映其公司的实际价值。从这个角度上讲，我们认为政府应积极引导投资者改善自身知识结构，加强上市公司的信息披露，完善资本市场的交易制度，实现资本市场与实体经济的同步运行。

第三，从行业间的风险传导路径来看，次贷危机前后不同行业间的关联性出现较大变化。由表6－4至表6－6可以看出，多数行业之间的相关度在次贷危机时期出现快速上升（如农林牧渔、工业与多数行业之间），而在次贷危机前期和后期关联度均相对较弱，仅有部分行业间的相关性在次贷危机时期出现下降（如农林牧渔与建筑业、金融业与交运、仓储和邮政业等）。从这一结论可以看出，巨灾风险在多数行业间的风险传导是较为一致的，只有个别行业受到巨灾风险冲击的影响相对较小，但巨灾事件对不同行业的影响程度存在一定差异。基于此，政策层面上应提升对风险传导较快行业（如金融业、房地产业等）的关注度，建立相应的风险防范机制，同时进行必要的政府干预，而对风险传导相对较慢的行业（如交运、仓储和邮政业等），应进行相应的长效机制建设，积极提升行业效率。

第 7 章

包含巨灾风险因素的金融资产定价模型理论拓展

巨灾事件不仅对居民消费、就业及企业产出等宏观经济变量构成影响，同时也通过资本市场干扰金融资产的定价。本章尝试采用基于消费的资本资产定价模型，将巨灾风险因素引入该模型框架中，考察巨灾风险对资本市场的作用机制，并进一步分析巨灾风险因素对我国国金融市场现象的解释作用。

7.1 引言

20世纪80年代，部分学者将家庭消费因素引入资本资产定价模型，用于解释资本市场的金融资产价格，后来将此类模型统称为基于消费的资产定价模型（以下简称“CCAPM”）从宏观经济活动的角度来解释资产价格，该模型自出现以来受到诸多学者的广泛关注，并逐渐成为资产定价理论的重要组成部分。但是，资本市场的经典事实与该理论模型的研究结论存在诸多不符，如 Mehra & Prescott（1985）、Weil（1989）分别提出的资本市场的特有现象“股权溢价之谜”和“无风险利率之谜”。为了更好地解释资本市场表现出的异象，部分学者对经典 CCAPM 作了诸多拓展，如 Abel（1990）考虑家庭部门在消费过程中表现出的习惯形成因素，Constantinides & Duffie（1996）从消费者的异质性这一视角进行分析，Bansal & Yaronl（2004）提出的长期风险理论以及 Rietz（1988）、Barro（2006）引入的巨灾风险因素等。

将巨灾风险因素引入资本资产定价模型的相关研究可以追溯到1988年，Rietz（1988）通过将巨灾事件（如美国20世纪30年代的经济大萧条等）对投资者心理预期的影响引入资本资产定价模型框架，较好地解释了资本市场的诸多现象。随后的十几年，由于巨灾事件的分不清晰以及实证数据不足等原因，灾难风险理论的发展较为缓慢。21世纪以来，Barro（2006）通过统计20世纪发生的较大经济冲击，并对巨灾事件进行明确的等级划分，同时将巨灾风险因素引入资本资产定价模型，成功解释了资本市场的“无风险利率之谜”与“股权溢价之谜”。之后，灾难风险理论开始得到更多学者的关注。如 Gourio（2012）将灾难风险与真实商业周期模型（RBC 模型）相结合，详细探讨了灾难风险对宏观经济波动（如产出、就业等经济变量的波动）的影响，Gabaix（2012）采用线性化工具分析了灾难风险对股票市场与债券市场的影响，并获得了相应的解析解等。

基于消费的资产定价模型中的一个经典假设是消费增长率服从对数正态分布，即变量的一阶矩和二阶矩包含了定价模型中的所有信息。而在现实经济生活中，消费的增长可能并不符合正态分布的假设。因此，Martin（2013）利用累积生成函数（Cumulant Generation Function，简称 CGF）推导出了含有高阶矩的简洁的资产定价模型。理论上讲，利用 CGF 表达的定价模型可以包含无穷高阶矩的情况。在实证中可以截取到 3 阶、4 阶甚至更高阶，同时，基于 Barro（2006）关于灾难风险的估计值，该论文的数值模拟结果发现，高阶矩的信息确实在解释资产市场的经典事实方面起到重要作用。然而，正如 Martin（2013）在论文中的表述，用 CGF 表达的含有高阶矩的定价模型在表达式上很简洁，但该模型的模拟结果对巨灾风险参数的设定非常敏感。因此，他认为用 CGF 表达的包含巨灾风险因素的资产定价模型是一把双刃剑：一方面，它可以反映出高阶矩信息对资产定价的影响；另一方面，由于在 CGF 中包含了无穷阶矩的信息，对灾难风险的参数选择非常敏感。最终，该论文得出的一个结论是，由于巨灾风险是一个小概率事件，故采用传统的 GMM 方法进行估计并不适用于该理论。为了克服这一问题，部分学者如 Backus 等（2011）基于 CGF 的数学性质，从股票指数期权中估计巨灾事件的分布特征，得出基于股票指数期权估计的巨灾风险发生的概率小于基于宏观数据估计的巨灾风险发生的概率。

本章尝试从另一个角度来解决基于 CGF 函数的含有巨灾风险因素的资产定价模型对参数设定的敏感性。基本思路是，在 Martin（2013）研究框架的基础上，引入习惯形成（Habit Formation）因素，推导出更为一般的包含高阶矩的消费资产定价模型，Martin（2013）的模型可以看成是本章模型的一个特例。更为重要的是，在本章的理论模型中，参数的设定对实证结果变得不再那么敏感，参数设定可以在一个更大的数值区间中解释“无风险利率之谜”和“股权溢价之谜”，能够更好地与资本市场的经典事实相吻合。

总之，本章的贡献主要包括以下四个方面：第一，扩大了灾难风险框架下参数的波动区间，在更为广泛的意义上解释了资本市场的“股权溢价之谜”和“无风险利率之谜”。第二，引入习惯形成因素，有效克服了在灾难风险框架下对参数选择的敏感性。第三，通过习惯形成的变化对资产价格的高阶矩特征进行分析，发现高阶矩信息在习惯形成的作用下表现出很强的规律性，并显著改善了资产价格高阶矩近似的效果。第四，验证了灾难风险在我国资本市场的适用性。

本章结构安排如下：7.2 部分建立包含消费习惯形成与巨灾风险因素的资本资产定价模型；7.3 部分在 7.2 部分所构建资本资产定价模型基础上，初步拓展为一类更为一般性的模型；7.4 部分考虑两种资产的情形，对 7.2 部分、7.3 部分所构建的资本资产定价模型做进一步的拓展；7.5 部分基于上述理论模型作相应的实证检验；最后是本章的主要结论。

7.2 基本模型的构建

根据 CCAPM 的理论框架，本节引入习惯形成因素，同时以投资者的消费水平与公司红利水平之间的联系为纽带，考察各宏观经济变量对资产价格的影响，并进一步解释资本市场的特有现象。在建立模型之前，先对相关概念进行定义。

定义 1　对于任意随机变量 G，均有：

$$m(\chi) \equiv E\exp(\chi G) \tag{7-1}$$

$$c(\chi) \equiv \log E\exp(\chi G) \tag{7-2}$$

且对于所有的 χ，期望值均存在；则称 $m(\chi)$ 为矩母函数（Moment Generating Function，简称 MGF），$c(\chi)$ 为累积生成函数（Cumulant Generating Function，简称 CGF）。累积生成函数包含了关于变量 G 所有阶矩的信息，通过幂序列的形式将 $c(\chi)$ 展开得：

$$c(\chi) = \sum_{n=1}^{\infty} \frac{\alpha_n \chi^n}{n} \tag{7-3}$$

其中，α_n 代表变量 G 的第 n 阶矩。从代数的角度看，α_1 代表变量 G 的均值，α_2 代表变量 G 的方差，α_3/σ^3 代表变量 G 的偏度，α_4/σ^4 代表变量 G 的峰度，依次类推。

参考 Abel（1990）与 Campbell & Cochrane（1999）提出的经典消费习惯形成效用函数，假设市场存在一个代表性个体，其效用依赖于当期消费与前期的社会平均消费水平，本章构建代表性个体的效用形式如下[①]：

$$U(C_t,\ X_t) = \frac{(C_t/X_t^{\theta})^{1-\gamma} - 1}{1-\gamma} \tag{7-4}$$

其中，γ 代表相对风险厌恶系数，C_t 代表 t 期的个体消费量，X_t 代表 t 期的外生消费习惯[②]，由前期的社会平均消费水平决定，θ 反映前期的社会平均消费水平相对于当期消费对个体效用的重要性，即习惯形成对个体效用的影响程度，其定义域为 $0 \leqslant \theta < 1$。当 $\theta = 0$ 时，说明只有当期消费对效用函数产生影响，效用函数就退化为标准的 CRRA 效用函数。当 θ 在 0 与 1 之间时，说明前期的社会平均消费对当期消费所带来的效用产生部分影响，θ 的取值一般不能等于 1，因为等于 1 意味着上一期的消费存量与当期的消费对效用的影响是同等重要的，这种情况几乎不可能发生。

根据 Campbell & Cochrane（1999）的观点，假设个体消费增长率 $\log(C_{t+1}/C_t)$ 是独立同分布的，且个体消费是随着习惯形成水平的变动而不断改变的。因此，本节假定外生消费习惯的增长率 $\log(X_{t+1}/X_t)$ 与当期消费增长率是同步变动的，即外生消费习惯的增长率是独立同分布的，且其期望值与个体消费增长率的期望值相同。

根据设定的效用函数，可知其相对风险厌恶系数为：

$$\gamma = \frac{-C_t u''_{c_t}(C_t,\ X_t)}{u'_{c_t}(C_t,\ X_t)} \tag{7-5}$$

显然，该效用函数具有不变的相对风险厌恶系数。

通过对累积生成函数的定义及效用函数的设定，可以在 CGF 的框架下推导出股利价格比、无风险利率与股权溢价

---

① 当 $\gamma = 1$ 时，效用函数为对数形式，不适用于 CGF 的表达形式，故本章不做讨论。

② 外生的消费习惯 X_t 依赖于前期的社会平均消费，个体的决策不影响总体的习惯形成水平。关于外生的消费习惯 X_t 的详细讨论见 Campbell & Cochrane（1999）。

的相关表达式，即本章的结论 1。

结论 1

$$d/p = \rho - c[\lambda - \theta + (\theta - 1)\gamma] \tag{7-6}$$

$$r_f = \rho - c[-\theta + (\theta - 1)\gamma] \tag{7-7}$$

$$rp = c(\lambda) + c[-\theta + (\theta - 1)\gamma] - c[\lambda - \theta + (\theta - 1)\gamma] \tag{7-8}$$

其中，$c(\lambda) = \log E\exp(\lambda G) = \log E(D_{t+1}/D_t)$，$D_t$ 表示资产在 t 期的红利。

从式（7-6）—式（7-8）可知，Martin（2013）基于累积生成函数的定价模型（包括股利价格比、无风险利率和股权溢价）是本章模型的一个特例。当不考虑习惯形成（$\theta = 0$ 时）的情况下，该定价模型仅能够在相对风险厌恶系数 $\gamma = 4$ 附近对资本市场有较好的解释，而参数 γ 较小的变动将会导致其对资本市场的解释出现很大的偏差。因此，本章的模型将习惯形成因素引入到该模型中，试图降低相对风险厌恶系数设定的敏感性，并进一步对资本市场进行解释。

下面，对结论 1 的相关结论进行推导。

代表性个体通过对其每一期消费的合理规划实现其一生效用最大化，即：

$$\max E_0 \sum_{t=0}^{\infty} e^{-\rho t} \frac{(C_t/X_t^{\theta})^{1-\gamma} - 1}{1 - \gamma} \tag{7-9}$$

其中，E_0 代表 0 期可得信息下的条件期望算子，ρ 代表主观时间贴现率，给定 $X_0 > 0$。

令 V_{t+1} 表示 $t+1$ 期单位资产获得的支付，由效用最大化问题的一阶条件可知：

$$P_t u'(C_t, X_t) = E_t[e^{-\rho} u'(C_{t+1}, X_{t+1}) V_{t+1}] \tag{7-10}$$

因此，资产在 t 期的价格 $P_t = E_t\left[e^{-\rho}\frac{u'(C_{t+1}, X_{t+1})}{u'(C_t, X_t)}V_{t+1}\right]$。

定义随机贴现因子 $M_{t+1} = e^{-\rho}\frac{u'(C_{t+1},\ X_{t+1})}{u'(C_t,\ X_t)}$，则 $P_t = E_t[M_{t+1}V_{t+1}]$。其中，$M_{t+1}$等价于：

$$M_{t+1} = e^{-\rho}\left(\frac{C_{t+1}}{C_t}\right)^{-\gamma}\left(\frac{X_{t+1}}{X_t}\right)^{\theta(\gamma-1)} \tag{7-11}$$

定义资产在 1 期的红利为 D_1，则该资产在 1 期的支付 $V_1 = P_1 + D_1$。因此，该资产在 0 期的价格 P_0 可表示为：

$$P_0 = E_0\left[e^{-\rho}\left(\frac{C_1}{C_0}\right)^{-\gamma}\left(\frac{X_1}{X_0}\right)^{\theta(\gamma-1)}(D_1 + P_1)\right] \tag{7-12}$$

假设市场是无泡沫的，则资产价格等于红利的无穷期贴现。因此，对上式做无穷期迭代，可得：

$$P_0 = E\left[\sum_{t=1}^{\infty} e^{-\rho t}\left(\frac{C_t}{C_0}\right)^{-\gamma}\left(\frac{X_t}{X_0}\right)^{\theta(\gamma-1)} D_t\right] \tag{7-13}$$

定义 $D_t = (C_t)^{\lambda}$，λ 是任意正数①，代表外生冲击对均衡资产价格的影响；$\lambda = 0$ 时说明资产是无风险债券（此时资产每一期的红利均为常数 1），$\lambda = 1$ 时说明资产的红利全部用于消费，$\lambda > 1$ 说明消费对红利具有杠杆作用。基于该定义，资产在 0 期的价格 P_0 可表示为：

$$P_0 = E\sum_{t=1}^{\infty} e^{-\rho t}\left(\frac{C_t}{C_0}\right)^{-\gamma}\left(\frac{X_t}{X_0}\right)^{\theta(\gamma-1)}$$

$$D_t = D_0 \cdot E\sum_{t=1}^{\infty} e^{-\rho t}\left(\frac{C_t}{C_0}\right)^{\lambda-\gamma}\left(\frac{X_t}{X_0}\right)^{\theta(\gamma-1)} \tag{7-14}$$

定义 $G_t \equiv \log(C_t/C_0)$，表示个体在 t 期的消费量与 0 期的消费量的比率。令 $G = G_1 = \log(C_1/C_0)$，表示个体 1 期的消费增长率。由于个体消费增长率 $\log(C_{t+1}/C_t)$ 与消费习惯增长率 $\log(X_{t+1}/X_t)$ 是同步增长且独立同分布的，可得 $Ee^{\lambda G} = Ee^{\lambda\log(C_1/C_0)} = Ee^{\lambda\log(C_{t+1}/C_t)} = Ee^{\lambda\log(X_{t+1}/X_t)}$。因此，表达式

① Campell（1986）的论文认为，$\log d_t = \eta\log c_t$，其中，d_t 代表资产 t 期红利，c_t 代表个体在 t 期的消费，η 即为本章中的 λ，代表与消费无关的外在冲击对资产价格的影响。

（6.11）等价于：

$$P_0 = D_0 \sum_{t=1}^{\infty} e^{-\rho t} E e^{(\lambda-\gamma)G_t+\theta(\gamma-1)G_t} = D_0 \sum_{t=1}^{\infty} e^{-\rho t} \left[E e^{(\lambda-\gamma)G} e^{\theta(\gamma-1)G} \right]^t \tag{7-15}$$

由定义 1 可知，$c(\chi) \equiv \log m(\chi)$，则表达式（6.12）可用 CGF 的形式表达，即 $P_0 = D_0 \sum_{t=1}^{\infty} e^{-\{\rho-c[\lambda-\theta+(\theta-1)\gamma]\}t}$，并进行等比数列求和，可得 $P_0 = D_0 \cdot \frac{e^{-[\rho-c(\lambda-\theta+(\theta-1)\gamma)]}}{1-e^{-\{\rho-c[\lambda-\theta+(\theta-1)\gamma]\}}}$。为方便起见，本章的股利价格比取其对数形式，则 $d/p = \log(1+D_0/P_0) = \rho - c[\lambda-\theta+(\theta-1)\gamma]$。当 $\lambda=0$ 时，资产代表无风险债券，则此时的股利价格比是无风险利率，则无风险利率 $r_f = \rho - c[-\theta+(\theta-1)\gamma]$。

由于资本市场的股权溢价水平等于资产的预期收益率与无风险利率的差额，则只须求出资产的预期收益率，即可获得资产的股权溢价。定义资产的预期收益率 $er = \log(1+ER_{t+1})$，其中，R_{t+1}代表 $t+1$ 期的资产收益率。在 $t+1$ 期，因为资产的总收益率 $1+ER_{t+1}$可表示为：

$$1 + ER_{t+1} = E\left(\frac{D_{t+1}+P_{t+1}}{P_t}\right) = E\left(\frac{D_{t+1}}{D_t}\right)\left\{e^{\rho-c[\lambda-\theta+(\theta-1)\gamma]}\right\} \tag{7-16}$$

并根据定义 $D_t = (C_t)^{\lambda}$，可得：

$$1 + ER_{t+1} = E\left[\left(\frac{C_{t+1}}{C_t}\right)^{\lambda}\right] \cdot e^{\rho-c[\lambda-\theta+(\theta-1)\gamma]} = e^{\rho+c(\lambda)-c[\lambda-\theta+(\theta-1)\gamma]} \tag{7-17}$$

同时对表达式（6.14）两边取对数，可得资产的预期收益率为：$er = \rho + c(\lambda) - c[\lambda-\theta+(\theta-1)\gamma]$，进而，可计算出资本市场的股权溢价水平 $rp = er - r_f = c(\lambda) + c[-\theta+(\theta-1)\gamma] - c[\lambda-\theta+(\theta-1)\gamma]$。

本节首先对 Barro（2006）与 Martin（2013）所建立的灾难模型进行简要的推导，然后进行相关的参数设定。假定消费增长率 G_t 服从一个跳跃扩散的过程，即：

$$G_t = \mu t + \sigma_B B_t + \sum_{i=1}^{N(t)} Y_i \qquad (7-18)$$

其中，μ 是漂移项，代表消费增长率 G_t 的均值，t 代表时间，σ_B 是消费增长率 G_t 的标准差，B_t 是布朗运动，$N(t)$ 服从参数等于 ω 的泊松过程，Y_i 是服从正态分布 $N(-b, s^2)$ 的随机变量，且各个变量均是独立同分布的，同时令 $b=0.39$，$s=0.25$①。由于参数 b 不等于0，因此该跳跃过程代表灾难的发生对消费增长率的影响，也就反映了灾难发生时对资产价格的冲击。

由定义1，表达式（7－18）等价于：

$$m(\chi) = E\exp(\chi G_1) = \exp(\mu\chi) \cdot E\exp(\sigma_B B_1 \chi) \cdot E\exp(\chi \sum_{i=1}^{N(1)} Y_i) \qquad (7-19)$$

其中，令 $t=1$。由于泊松过程 $N(t)$ 与 Y_t 均独立于布朗运动 B_t，则表达式（7－19）右边项乘积的期望值等于期望的乘积，且第二项 $E\exp(\sigma_B B_1 \chi) = \exp(\sigma_B^2 \chi^2/2)$，第三项 $E\exp(\chi \sum_{i=1}^{N(1)} Y_i) = \exp\{\omega[m_{Y_1}(\chi) - 1]\}$。由于 $c(\chi) = \log m(\chi)$，则表达式（7－19）用 CGF 的形式可表示为：$c(\chi) = \mu\chi + \sigma_B^2\chi^2/2 + \omega[m_{Y_1}(\chi) - 1]$，其中，n 阶矩 $\alpha_n(G) = c^{(n)}(0)$，即：

$$\alpha_n(G) = \begin{cases} \mu + \omega EY & n=1 \\ \sigma_B^2 + \omega EY^2 & n=2 \\ \omega EY^n & n \geqslant 3 \end{cases} \qquad (7-20)$$

① 参数的取值来自于 Barro（2006）的实证结果。

由于 $Y \sim N(-b, s^2)$，则

$$c(\chi) = \mu\chi + \frac{1}{2}\sigma_B^2\chi^2 + \omega\left(e^{-b\chi + \frac{1}{2}s^2\chi^2} - 1\right) \qquad (7-21)$$

由于相关参数的取值在国外的重要文献中已有较为权威的验证。因此，本章仅对参数的取值范围进行较为一般性的划定。其中，在资产定价领域，相对风险厌恶系数的正常取值范围一般在 2—10 之间；消费增长率的均值和标准差多采用 Mehra & Prescott（1985）对美国 1889—1978 年间的人均实际消费数据的估算结果，均值为 0.018，标准差为 0.036；时间偏好的取值较为一致，参考 Barro（2006）、Wachter（2013）的取值为 0.02；灾难发生的概率多采用 Barro（2006）对全球灾难统计的数据，以人均 GDP 下降 15% 作为判断灾难是否发生的标准，可估算出 20 世纪的 100 年间来自全球 35 个具有代表性的国家灾难发生的次数为 60 次，则平均每年一个国家发生灾难的概率为 0.017（$\approx 60 \div (35 \times 100)$）；习惯形成参数的取值在国外的文献中没有一致的结论，故我们讨论最一般的情况，即参数 θ 的取值范围为 $0 \leqslant \theta < 1$。综上，参数的取值列表如表 7－1 所示。

表 7－1　参数校准结果

基准参数	定义	取值范围	相关文献
γ	相对风险厌恶系数	2—10	Barro & Sala－i－Martin（2004）
σ_B	消费增长率的标准差	0.036	Mehra & Prescott（1985）
ρ	时间偏好	0.02	Barro（2006），Wachter（2013）
μ	消费增长率的均值	0.018	Mehra & Prescott（1985）
ω	灾难发生的概率	0.017	Barro（2006）
θ	习惯形成	$0 \leqslant \theta < 1$	Constantinides（1990），Campbell & Cochrane（1999）

7.3 理论模型的初步拓展

本节内容是第二节所建模型的拓展，考虑消费习惯增长率 $\log(X_{t+1}/X_t)$ 的均值、方差与个体消费增长率 $\log(C_{t+1}/C_t)$ 的相应值不相等的情形。在进行分析之前，对相关概念进行定义。

定义 2　对于任意随机变量 G、G'，均有：

$$c(\chi,\ \chi') \equiv \log E\exp(\chi G + \chi' G') \qquad (7-22)$$

且对于所有的 χ、χ'，期望值均存在；则称 $c(\chi,\ \chi')$ 为累积生成函数（CGF）。累积生成函数包含了变量 G 与 G' 所有阶矩的信息。令 $\vec{0} = (0,\ \cdots,\ 0)'$，则 $\frac{\partial c}{\partial \chi}(\vec{0})$ 代表变量 G 的均值，$\frac{\partial^2 c}{\partial \chi^2}(\vec{0})$ 代表变量 G 的方差，$\frac{\partial^2 c}{\partial \chi \partial \chi'}(\vec{0})$ 代表变量 G 与变量 G' 的协方差，三阶与四阶偏导数分别代表偏度与峰度，如此类推。

令 $G'_t = \log(X_t/X_0)$，$G' = G'_1 = \log(X_1/X_0)$，表示个体第 1 期的消费习惯增长率。由于个体消费增长率 $\log(C_{t+1}/C_t)$ 与消费习惯增长率 $\log(X_{t+1}/X_t)$ 仍满足独立同分布的假设，则由表达式（6.11）可得：

$$P_0 = D_0 \sum_{t=1}^{\infty} e^{-\rho t} E e^{(\lambda-\gamma)G_t + \theta(\gamma-1)G'_t} = D_0 \sum_{t=1}^{\infty} e^{-\rho t} \left[E e^{(\lambda-\gamma)G} e^{\theta(\gamma-1)G'} \right]^t \qquad (7-23)$$

由定义 2 可知，表达式（7－23）可以用 CGF 的形式表达，即 $P_0 = D_0 \sum_{t=1}^{\infty} e^{-\{\rho - c[\lambda-\gamma,\ \theta(\gamma-1)]\}t}$，并进行等比数列求和，可得 $P_0 = D_0 \cdot \frac{e^{-\{\rho - c[\lambda-\gamma,\ \theta(\gamma-1)]\}}}{1 - e^{-[\rho - c(\lambda-\gamma,\ \theta(\gamma-1))]}}$。因此，资产的股利价格比为：$d/p = \rho - c[\lambda-\gamma,\ \theta(\gamma-1)]$。取 $\lambda = 0$，可得无风险利率 $r_f = \rho - c[-\gamma,\ \theta(\gamma-1)]$。按照与第三节类似的推导过程，可得资产在 $t+1$ 期的总收益率为 $1 + ER_{t+1} = e^{\rho + c(\lambda) - c[\lambda-\gamma,\ \theta(\gamma-1)]}$，进而可计算出股权溢价水平为：$rp = c(\lambda) + c[-\gamma,\ \theta(\gamma-1)] - c[\lambda-\gamma,\ \theta(\gamma-1)]$。

由以上模型的推导可知，当消费习惯增长率 $\log(X_{t+1}/X_t)$ 的期望值与个体消费增长率 $\log(C_{t+1}/C_t)$ 的期望值不相等时，股利价格比、无风险利率与股权溢价仍可以用 CGF 函数的形式表达。对模型的结果加以总结，可得本章的结论 2。

结论 2

$$d/p = \rho - c[\lambda-\gamma,\ \theta(\gamma-1)] \tag{7-24}$$

$$r_f = \rho - c[-\gamma,\ \theta(\gamma-1)] \tag{7-25}$$

$$rp = c(\lambda) + c[-\gamma,\ \theta(\gamma-1)] - c[\lambda-\gamma,\ \theta(\gamma-1)] \tag{7-26}$$

本节假定消费增长率不仅受到本期灾难的冲击，而且受到上一期灾难对消费习惯增长率冲击所带来的间接影响，从而灾难对消费增长率的影响是两期综合效应的结果。同时，假设经济灾难对习惯形成的冲击 G'_t 仍服从跳跃扩散的过程，即：

$$G'_t = \mu' t + \sigma'_B B_t + \sum_{i=1}^{N(t)} Y_i \tag{7-27}$$

其中，μ' 代表消费习惯增长率 G' 的均值，σ'_B 代表消费习惯增长率 G' 的方差，为了便于分析习惯形成对资产价格的影响，其余参数保持不变，时间 t 仍等于 1。

由于习惯形成与当期消费受到灾难风险的影响来自于两个不同的时期，故两者同时受到灾难风险影响的概率也为零。根据 Barro（2006）的观点，灾难风险在每一期发生的概率均为0.017，因此，本节同样假定灾难在每期发生的概率相等，则包含习惯形成的灾难模型用 CGF 的形式可表示为：

$$c(\chi, \chi') = \mu\chi + \mu'\chi' + \frac{1}{2}\sigma_B^2\chi^2 + \frac{1}{2}(\sigma'_B)^2 (\chi')^2 + \omega(e^{-b\chi + \frac{1}{2}s^2\chi^2} - 1) + \omega'(e^{-b'\chi' + \frac{1}{2}s'^2\chi'^2} - 1) + \mathrm{cov}(\exp(G), \exp(G')) \tag{7-28}$$

其中，$\omega = \omega'$。由于消费习惯增长率均值 μ' 与方差 σ_B' 以及 G' 与 G_t 之间协方差的估算并没有相关文献可供参考，且其测度方法也较为复杂，故本章对这种情况暂不讨论。

7.4 理论模型的进一步拓展

本节考虑连续时间的情况；假设市场有 N 种资产，t 期红利为 $D_{k,t}$，$k = 1, 2, \cdots, N$；我们依然采用其对数形式，即 $y_{k,t} = \log D_{k,t}$；则 t 期 N 种资产的红利表示为 $\vec{y}_t = (y_{1,t}, y_{2,t}, \cdots, y_{N,t})'$，且假定各个时间段是相互独立的；代表性投资者将所有红利用于消费，即 $C_t = D_{1,t} + D_{2,t} + \cdots + D_{N,t}$，红利增长率 $\log(D_{k,t+1}/D_{k,t})$ 是独立同分布的。

定义 3　对于任意 $\vec{\chi} \in R^N$，累积生成函数（CGF）$c(\vec{\chi})$ 可表示为：

$$c(\vec{\chi}) \equiv \log E \exp \vec{\chi}'(\vec{y}_{t+1} - \vec{y}_t) \tag{7-29}$$

其中，$\vec{y}_{t+1}-\vec{y}_t=(y_{1,t+1}-y_{1,t},\ y_{2,t+1}-y_{2,t},\ \cdots,\ y_{N,t+1}-y_{N,t})'$；$\frac{\partial c}{\partial \chi_k}(\vec{0})$代表资产 k 红利增长率的均值；$\frac{\partial^2 c}{\partial \chi_k^2}(\vec{0})$代表资产 k 红利增长率的方差；$\frac{\partial^2 c}{\partial \chi_k \partial \chi_j}(\vec{0})$代表资产 k 与资产 j 红利增长率的协方差，三阶与四阶偏导数分别代表偏度与峰度，以此类推。

我们主要考虑两种资产的情况，多种资产的证明过程也是类似的。假设两种资产的红利分别为 $D_{1,t}$、$D_{2,t}$，资产 1 对 t 期资产价格的贡献为 s_t，则 $s_t=D_{1,t}/(D_{1,t}+D_{2,t})$，且 $y_{2,t}-y_{1,t}=\log\left(\frac{D_{2,t}}{D_{1,t}}\right)=\log\left(\frac{1-s_t}{s_t}\right)$。

性质 1　假设两种资产 t 期的红利占总红利的比例分别为 α_1、α_2，为了方便计算，我们采用其对数形式，即 $D_t=D_{1,t}^{\alpha_1}D_{2,t}^{\alpha_2}$，则

$$P_t/D_t = \left[2\cosh\left(\frac{u_1}{2}\right)\right]^{\gamma}\left[2\cosh\left(\frac{u_2}{2}\right)\right]^{-\theta\gamma}\int_{-\infty}^{+\infty}\int_{-\infty}^{+\infty}\frac{e^{iu_1'z_1+iu_2'z_2}F_{\gamma}(z_1)F_{-\theta\gamma}(z_2)}{\rho-c_t\left(\alpha_1-\frac{\gamma}{2}+\frac{\theta\gamma}{2}-iz_1-iz_2,\ \alpha_2-\frac{\gamma}{2}+\frac{\theta\gamma}{2}+iz_1+iz_2\right)}dz_1dz_2;$$

其中，$u_1=y_{2,t+j}-y_{1,t+j}$，$u_2=y_{2,t+j-1}-y_{1,t+j-1}$，$u_1'=y_{2,t}-y_{1,t}$，$u_2'=y_{2,t-1}-y_{1,t-1}$；且 $F_{\gamma}(z)=\frac{\Gamma(\gamma/2+iz)\Gamma(\gamma/2-iz)}{2\pi\Gamma(\gamma)}$.

证明：由方程（1），

$$\begin{aligned}P_t &= E_t\int_0^{+\infty}e^{-\rho j}\left(\frac{C_{t+j}}{C_t}\right)^{-\gamma}\left(\frac{C_{t+j-1}}{C_{t-1}}\right)^{\theta\gamma}D_{t+j}dj\\ &= C_t^{\gamma}C_{t-1}^{-\theta\gamma}\\ &\quad\int_0^{+\infty}e^{-\rho j}E_t\left\{\frac{e^{\alpha_1(y_{1,t}+\tilde{y}_{1,t+j})+\alpha_2(y_{2,t}+\tilde{y}_{2,t+j})}}{\left[e^{y_{1,t}+\tilde{y}_{1,t+j}}+e^{y_{2,t}+\tilde{y}_{2,t+j}}\right]^{\gamma}\left[e^{y_{1,t-1}+\tilde{y}_{1,t+j-1}}+e^{y_{2,t-1}+\tilde{y}_{2,t+j-1}}\right]^{-\theta\gamma}}\right\}dj,\end{aligned}$$

其中，定义 $y_{k,j}=y_{k,0}+\tilde{y}_{k,j}$；则

$$\frac{P_t}{D_t} = C_t^{\gamma} C_{t-1}^{-\theta\gamma} \int_0^{+\infty} e^{-\rho j} E_t \left\{ \frac{e^{\alpha_1 \tilde{y}_{1,t+j} + \alpha_2 \tilde{y}_{2,t+j}}}{\left[e^{y_{1,t} + \tilde{y}_{1,t+j}} + e^{y_{2,t} + \tilde{y}_{2,t+j}} \right]^{\gamma} \left[e^{y_{1,t-1} + \tilde{y}_{1,t+j-1}} + e^{y_{2,t-1} + \tilde{y}_{2,t+j-1}} \right]^{-\theta\gamma}} \right\} dj.$$

令 $x_j = E_t \left\{ \frac{e^{\alpha_1 \tilde{y}_{1,t+j} + \alpha_2 \tilde{y}_{2,t+j}}}{\left[e^{y_{1,t} + \tilde{y}_{1,t+j}} + e^{y_{2,t} + \tilde{y}_{2,t+j}} \right]^{\gamma} \left[e^{y_{1,t-1} + \tilde{y}_{1,t+j-1}} + e^{y_{2,t-1} + \tilde{y}_{2,t+j-1}} \right]^{-\theta\gamma}} \right\}$;

则

$$\frac{P_t}{D_t} = C_t^{\gamma} C_{t-1}^{-\theta\gamma} \int_0^{+\infty} e^{-\rho j} x_j dj \tag{7-30}$$

由公式

$$\cosh u = \frac{e^{u} + e^{-u}}{2} \tag{7-31}$$

可得

$$x_j = e^{-\frac{\gamma}{2}(y_{1,t} + y_{2,t})} e^{\frac{\theta\gamma}{2}(y_{1,t-1} + y_{2,t-1})} E_t \left\{ \frac{e^{(\alpha_1 - \gamma/2)\tilde{y}_{1,t+j} + (\alpha_2 - \gamma/2)\tilde{y}_{2,t+j} + (\theta\gamma/2)\tilde{y}_{1,t+j-1} + (\theta\gamma/2)\tilde{y}_{2,t+j-1}}}{[2\cosh(u_1/2)]^{\gamma} [2\cosh(u_2/2)]^{-\theta\gamma}} \right\} \tag{7-32}$$

由于红利增长率是独立同分布的，因此，$E_t \tilde{y}_{1,t+j} = E_t(y_{1,t+j} - y_{1,t}) = E_t(y_{1,t+j-1} - y_{1,t-1}) = E_t \tilde{y}_{1,t+j-1} \overset{令}{=} E_t \tilde{y}_{1,j}$；同理，$E_t \tilde{y}_{2,t+j} = E_t \tilde{y}_{2,t+j-1} \overset{令}{=} E_t \tilde{y}_{2,j}$；对表达式 $1/[2\cosh(u_1/2)]^{\gamma}$、$1/[2\cosh(u_2/2)]^{-\theta\gamma}$ 分别做 *Fourier* 变换，可得

$$\frac{1}{[2\cosh(u_1/2)]^{\gamma}} = \int_{-\infty}^{+\infty} e^{iu_1 z_1} F_{\gamma}(z_1) dz_1,$$

$$\frac{1}{[2\cosh(u_2/2)]^{-\theta\gamma}} = \int_{-\infty}^{+\infty} e^{iu_2 z_2} F_{-\theta\gamma}(z_2) dz_2 \tag{7-33}$$

则表达式（7 - 32）等价于

$$x_j = e^{-\frac{\gamma}{2}(y_{1,t}+y_{2,t})} e^{\frac{\theta\gamma}{2}(y_{1,t-1}+y_{2,t-1})} E_t (e^{(\alpha_1-\gamma/2)\tilde{y}_{1,j}+(\alpha_2-\gamma/2)\tilde{y}_{2,j}+(\theta\gamma/2)\tilde{y}_{1,j}+(\theta\gamma/2)\tilde{y}_{2,j}}$$

$$\int_{-\infty}^{+\infty} e^{iu_1 z_1} F_{\gamma}(z_1) dz_1 \int_{-\infty}^{+\infty} e^{iu_2 z_2} F_{-\theta\gamma}(z_2) dz_2) = e^{-\frac{\gamma}{2}(y_{1,t}+y_{2,t})} e^{\frac{\theta\gamma}{2}(y_{1,t-1}+y_{2,t-1})}$$

$$\int_{-\infty}^{+\infty}\int_{-\infty}^{+\infty} e^{iz_1(y_{2,t}-y_{1,t})+iz_2(y_{2,t-1}-y_{1,t-1})} e^{c_t(\alpha_1-\gamma/2+\theta\gamma/2-iz_1-iz_2,\alpha_2-\gamma/2+\theta\gamma/2+iz_1+iz_2)j}$$

$$F_\gamma(z_1)F_{-\theta\gamma}(z_2)dz_1dz_2$$

将上式代入表达式（7－31），可得

$$\frac{P_t}{D_t} = \left[2\cosh\left(\frac{u_1}{2}\right)\right]^{\gamma}\left[2\cosh\left(\frac{u_2}{2}\right)\right]^{-\theta\gamma}\int_0^{\infty}e^{-\rho j}\int_{-\infty}^{+\infty}\int_{-\infty}^{+\infty}$$

$$e^{iu'_1z_1+iu'_2z_2}e^{c_t\left(\alpha_1-\frac{\gamma}{2}+\frac{\theta\gamma}{2}-iz_1-iz_2,\alpha_2-\frac{\gamma}{2}+\frac{\theta\gamma}{2}+iz_1+iz_2\right)j}F_\gamma(z_1)F_{-\theta\gamma}(z_2)dz_1dz_2dj$$

$$= \left[2\cosh\left(\frac{u_1}{2}\right)\right]^{\gamma}\left[2\cosh\left(\frac{u_2}{2}\right)\right]^{-\theta\gamma}\int_{-\infty}^{+\infty}\int_{-\infty}^{+\infty}$$

$$\frac{e^{iu'_1z_1+iu'_2z_2}F_\gamma(z_1)F_{-\theta\gamma}(z_2)}{\rho-c_t\left(\alpha_1-\frac{\gamma}{2}+\frac{\theta\gamma}{2}-iz_1-iz_2,\alpha_2-\frac{\gamma}{2}+\frac{\theta\gamma}{2}+iz_1+iz_2\right)}dz_1dz_2$$

上式积分收敛的条件为

$$\rho-c_t(\alpha_1-\frac{\gamma}{2}+\frac{\theta\gamma}{2}-iz_1-iz_2,\alpha_2-\frac{\gamma}{2}+\frac{\theta\gamma}{2}+iz_1+iz_2)>0,$$

$$\forall z_1,\ z_2\in R; \tag{7-34}$$

性质得证。

性质 2　瞬时无风险利率水平为：

$$r_{f,t} = -\log\left\{\left[2\cosh\left(\frac{u_1}{2}\right)\right]^{\gamma}\left[2\cosh\left(\frac{u_2}{2}\right)\right]^{-\theta\gamma}\int_{-\infty}^{+\infty}\int_{-\infty}^{+\infty}e^{-\rho t}e^{iu'_1z_1+iu'_2z_2}\right.$$

$$\left.e^{c_t\left(\alpha_1-\frac{\gamma}{2}+\frac{\theta\gamma}{2}-iz_1-iz_2,\alpha_2-\frac{\gamma}{2}+\frac{\theta\gamma}{2}+iz_1+iz_2\right)\cdot t}F_\gamma(z_1)F_{-\theta\gamma}(z_2)dz_1dz_2\right\}$$

证明：考虑 t 期的债券，其价格为 B_t，则

$$B_t = E_t\left[e^{-\rho t}\left(\frac{C_{t+j+1}}{C_t}\right)^{-\gamma}\left(\frac{C_{t+j}}{C_{t-1}}\right)^{\theta\gamma}\right]$$

$$= e^{-\rho t}C_t^{\gamma}C_{t-1}^{-\theta\gamma}E_t\left[\frac{1}{(D_{1,t+j+1}+D_{2,t+j+1})^{\gamma}(D_{1,t+j}+D_{2,t+j})^{-\theta\gamma}}\right].$$

由性质 1 的结论，上式等价于：

$$B_t = \left[2\cosh\left(\frac{u_1}{2}\right)\right]^{\gamma}\left[2\cosh\left(\frac{u_2}{2}\right)\right]^{-\theta\gamma}\int_{-\infty}^{+\infty}\int_{-\infty}^{+\infty}e^{-\rho t}e^{iu'_1z_1+iu'_2z_2}$$

$$e^{c_t\left(-\frac{\gamma}{2}+\frac{\theta\gamma}{2}-iz_1-iz_2,-\frac{\gamma}{2}+\frac{\theta\gamma}{2}+iz_1+iz_2\right)\cdot t}F_\gamma(z_1)F_{-\theta\gamma}(z_2)dz_1dz_2.$$

我们定义，无风险利率 $r_{f,t} = -\log B_t$，则

$$r_{f,t} = -\log\left\{\left[2\cosh\left(\frac{u_1}{2}\right)\right]^{\gamma}\left[2\cosh\left(\frac{u_2}{2}\right)\right]^{-\theta\gamma}\int_{-\infty}^{+\infty}\int_{-\infty}^{+\infty} e^{-\rho t} e^{iu'_1 z_1 + iu'_2 z_2} e^{c_t\left(-\frac{\gamma}{2}+\frac{\theta\gamma}{2}-iz_1-iz_2,\ -\frac{\gamma}{2}+\frac{\theta\gamma}{2}+iz_1+iz_2\right)\cdot t} F_{\gamma}(z_1)F_{-\theta\gamma}(z_2)\,dz_1 dz_2\right\},$$

性质得证。

性质 3　风险溢价水平为：

$$rp_t = \log E_t\left\{1+\frac{\sum_{m=0}^{(1-\theta)\gamma} C_{(1-\theta)\gamma}^{m} e^{-mu_1}\int_{-\infty}^{+\infty}\int_{-\infty}^{+\infty} e^{iu_1 z_1 + iu_1 z_2} c_t[\vec{h}_m(z_1, z_2)]g(z_1, z_2)dz_1 dz_2}{\sum_{m=0}^{(1-\theta)\gamma} C_{(1-\theta)\gamma}^{m} e^{-mu_1}\int_{-\infty}^{+\infty}\int_{-\infty}^{+\infty} e^{iu_1 z_1 + iu_1 z_2} g(z_1, z_2)dz_1 dz_2} + D_t/P_t\right\} - r_{f,t};$$

其中，$\vec{h}_m(z_1, z_2) = \left[\alpha_1 - \frac{(1-\theta)\gamma}{2} + m - iz_1 - iz_2,\ \alpha_2 + \frac{(1-\theta)\gamma}{2} - m + iz_1 + iz_2\right]'$，$\vec{y} = (y_{1,t}, y_{2,t})'$，$D_t/P_t$，$r_{f,t}$由性质 1 和性质 2 得到。

证明：定义 $rp_t = \log E_t(1 + R_{t+1}) - r_{f,t}$；其中，$R_{t+1}$代表 $t+1$ 期的资产收益率；则由公式 $R_{t+1}dt = E_t(dP_t/P_t) + (D_t/P_t)dt$ 可知，只需求出 dP_t/P_t 即可获得风险溢价。

为了便于计算，令

$$g(z_1, z_2) = \frac{F_{\gamma}(z_1)F_{-\theta\gamma}(z_2)}{\rho - c_t\left(\alpha_1 - \frac{\gamma}{2} + \frac{\theta\gamma}{2} - iz_1 - iz_2,\ \alpha_2 - \frac{\gamma}{2} + \frac{\theta\gamma}{2} + iz_1 + iz_2\right)}.$$

并代入性质 1，可得

$$\begin{aligned} P_t &= \int_{-\infty}^{+\infty}\int_{-\infty}^{+\infty}(e^{y_{1,t}} + e^{y_{2,t}})^{\gamma}(e^{y_{1,t-1}} + e^{y_{2,t-1}})^{-\theta\gamma} e^{\left(\alpha_1-\frac{\gamma}{2}+\frac{\theta\gamma}{2}-iz_1-iz_2\right)y_{1,t}+\left(\alpha_2-\frac{\gamma}{2}+\frac{\theta\gamma}{2}+iz_1+iz_2\right)y_{2,t}} g(z_1, z_2)dz_1 dz_2 \\ &= \int_{-\infty}^{+\infty}\int_{-\infty}^{+\infty}\left(\frac{e^{y_{1,t}} + e^{y_{2,t}}}{e^{y_{1,t-1}} + e^{y_{2,t-1}}}\right)^{\theta\gamma}(e^{y_{1,t}} + e^{y_{2,t}})^{(1-\theta)\gamma} \end{aligned}$$

$$e^{\left(\alpha_1-\frac{\gamma}{2}+\frac{\theta\gamma}{2}-iz_1-iz_2\right)y_{1,t}+\left(\alpha_2-\frac{\gamma}{2}+\frac{\theta\gamma}{2}+iz_1+iz_2\right)y_{2,t}}g(z_1,\ z_2)\,dz_1dz_2 \tag{7-35}$$

对式（7－35）进行二项式展开得

$$P_t=\left(\frac{e^{y_{1,t}}+e^{y_{2,t}}}{e^{y_{1,t-1}}+e^{y_{2,t-1}}}\right)^{\theta\gamma}\cdot\sum_{m=0}^{(1-\theta)\gamma}C^m_{(1-\theta)\gamma}\int_{-\infty}^{+\infty}\int_{-\infty}^{+\infty}e^{\vec{h}_m(z_1,z_2)\cdot\vec{y}}\,g(z_1,\ z_2)\,dz_1dz_2 \tag{7-36}$$

其中，$\vec{h}_m(z_1,z_2)=\left[\alpha_1-\frac{(1-\theta)\gamma}{2}+m-iz_1-iz_2,\ \alpha_2+\frac{(1-\theta)\gamma}{2}-m+iz_1+iz_2\right]'$，$\vec{y}=(y_{1,t},\ y_{2,t})'$；根据公式 $E_t d\left(e^{\vec{h}(z_1,z_1)'\cdot\vec{y}}\right)=e^{\vec{h}(z_1,z_1)'\cdot\vec{y}}c_t[\vec{h}(z_1,z_1)]\,dj$（Cont & Tankov (2004)），并利用表达式（7－36）的结论，可得

$$E_t\left(\frac{dP_t}{P_t}\right)=$$

$$\frac{\left(\frac{e^{y_{1,t}}+e^{y_{2,t}}}{e^{y_{1,t-1}}+e^{y_{2,t-1}}}\right)^{\theta\gamma}\cdot\sum_{m=0}^{(1-\theta)\gamma}C^m_{(1-\theta)\gamma}\int_{-\infty}^{+\infty}\int_{-\infty}^{+\infty}e^{\vec{h}_m(z_1,z_2)\cdot\vec{y}}c_t[\vec{h}_m(z_1,z_2)]g(z_1,z_2)dz_1dz_2}{\left(\frac{e^{y_{1,t}}+e^{y_{2,t}}}{e^{y_{1,t-1}}+e^{y_{2,t-1}}}\right)^{\theta\gamma}\cdot\sum_{m=0}^{(1-\theta)\gamma}C^m_{(1-\theta)\gamma}\int_{-\infty}^{+\infty}\int_{-\infty}^{+\infty}e^{\vec{h}_m(z_1,z_2)\cdot\vec{y}}g(z_1,\ z_2)dz_1dz_2}dt$$

$$=\frac{\sum_{m=0}^{(1-\theta)\gamma}C^m_{(1-\theta)\gamma}e^{-mu_1}\int_{-\infty}^{+\infty}\int_{-\infty}^{+\infty}e^{iu_1z_1+iu_1z_2}c_t[\vec{h}_m(z_1,\ z_2)]g(z_1,\ z_2)dz_1dz_2}{\sum_{m=0}^{(1-\theta)\gamma}C^m_{(1-\theta)\gamma}e^{-mu_1}\int_{-\infty}^{+\infty}\int_{-\infty}^{+\infty}e^{iu_1z_1+iu_1z_2}g(z_1,\ z_2)dz_1dz_2}dt.$$

其中，$\frac{e^{y_{1,t}}+e^{y_{2,t}}}{e^{y_{1,t-1}}+e^{y_{2,t-1}}}=\frac{D_{1,t}+D_{2,t}}{D_{1,t-1}+D_{2,t-1}}=\frac{C_t}{C_{t-1}}$，而消费增长率是 iid 的，与 t 期红利无关。

因此，$R_{t+1}=E_t(dP_t/P_t)+D_t/P_t=$

$$\frac{\sum_{m=0}^{(1-\theta)\gamma}C^m_{(1-\theta)\gamma}e^{-mu_1}\int_{-\infty}^{+\infty}\int_{-\infty}^{+\infty}e^{iu_1z_1+iu_1z_2}c_t[\vec{h}_m(z_1,\ z_2)]g(z_1,\ z_2)dz_1dz_2}{\sum_{m=0}^{(1-\theta)\gamma}C^m_{(1-\theta)\gamma}e^{-mu_1}\int_{-\infty}^{+\infty}\int_{-\infty}^{+\infty}e^{iu_1z_1+iu_1z_2}g(z_1,\ z_2)dz_1dz_2}+$$

D_t/P_t，

由定义，

$$rp_t = \log E_t(1 + R_{t+1}) - r_{f,t}$$

$$= \log E_t \left\{ 1 + \frac{\sum_{m=0}^{(1-\theta)\gamma} C_{(1-\theta)\gamma}^{m} e^{-mu_1} \int_{-\infty}^{+\infty} \int_{-\infty}^{+\infty} e^{iu_1 z_1 + iu_1 z_2} c_t [\vec{h}_m(z_1, z_2)] g(z_1, z_2) dz_1 dz_2}{\sum_{m=0}^{(1-\theta)\gamma} C_{(1-\theta)\gamma}^{m} e^{-mu_1} \int_{-\infty}^{+\infty} \int_{-\infty}^{+\infty} e^{iu_1 z_1 + iu_1 z_2} g(z_1, z_2) dz_1 dz_2} + D_t / P_t \right\}$$

$$- r_{f,t},$$

性质得证。

通过上述三个性质的证明，获得了包含两种资产的资本资产定价模型。与单资产定价模型相似的是，通过灾难风险因素的引入，无风险利率也出现显著的下降，而消费习惯因素减缓了其下降的速率。风险溢价水平出现显著的上升，消费习惯因素同样减缓了其上升的速率。不同的是，两资产定价模型受到资产的红利比例 s_t 的影响。由于两资产红利标准差是时变的，则时变的消费增长波动率必将导致时变的无风险利率和时变的风险溢价。显然，当两资产的红利份额相等，即 $s_t = 1/2$ 时，消费的波动最小，预防性储蓄下降，无风险利率达到最高，风险溢价水平达到最低；当 s_t 趋于 0 或 1 时，某个资产占据整个经济的主导，此时的消费增长波动率大幅增加，预防性储蓄上升，无风险利率将快速下降，风险溢价也会快速上升。

7.5 基于理论模型的实证检验

本节主要根据 7.2 的基本模型进行数值分析。主要从三个方面来分析习惯形成对资产价格的影响。第一，在基准参数不变的情况下，考察习惯形成的变化所引起的相对风险厌恶系数与无风险利率、股权溢价对应关系的变动，并分别建立习惯形成与相对风险厌恶系数之间的函数关系。第二，在基准参数（灾难模型的相关参数）出现变动的情况下，分析习惯形成对资产价格相关变量的影响，并观察其规律性。第三，利用 CGF 所特有的性质，分析习惯形成的变动对资产价格相关变量高阶矩近似的影响。

7.5.1 习惯形成、灾难风险与美国资本市场

该部分主要分析包含习惯形成的资产定价模型对资本市场的解释作用，并建立习惯形成与相对风险厌恶系数之间的函数表达式．对模型进行数值模拟，可得本章的结论 2。

结论 2　不考虑习惯形成因素的灾难风险定价模型仅能够对相对风险厌恶系数特定赋值情况下的资本市场有较好的解释作用。而包含习惯形成的资产定价模型扩大了灾难风险框架下参数的取值区间，能够在更为广泛的意义上解释无风险利率之谜与股权溢价之谜。

基于表 7－1 的参数校准结果，对模型的构建方程（7－7）和方程（7－8）以及表达式（7－21）进行数值求解，可以获得相应的无风险利率和股权溢价。为了更清晰地分析习惯形成对无风险利率的解释作用，本章考察相对风险厌恶系数变动时无风险利率与习惯形成之间的相关关系，结果如表 7－2 所示。

表 7-2　　无风险利率与相对风险厌恶系数

相对风险厌恶系数	r_f (%)			
	$\theta=0$	$\theta=0.25$	$\theta=0.5$	$\theta=0.75$
$\gamma=2$	2.84	2.95	2.98	2.94
$\gamma=3$	1.26	2.32	2.84	2.98
$\gamma=4$	-3.47①	0.47	2.32	2.95
$\gamma=5$	-15.02	-3.47	1.26	2.84
$\gamma=6$	-42.19	-11.15	-0.56	2.63

从表 7-2 可以看出，当 $\gamma\geq4$ 时，不考虑习惯形成因素（$\theta=0$）时所获得的 r_f 均为负值，说明此时 Martin（2013）的模型不再对无风险利率具有解释意义。在考虑习惯形成因素的情况下，如当 $\theta=0.25$ 或者 $\theta=0.5$ 时，对 $\gamma=4$ 的情况仍有较好的解释作用，当 $\theta=0.75$ 甚至更高时，其对更大的 γ 值也有很好的解释效果。

同样，表 7-3 考察相对风险厌恶系数变动时股权溢价与习惯形成之间的相关关系。

表 7-3　　股权溢价与相对风险厌恶系数

相对风险厌恶系数	rp (%)			
	$\theta=0$	$\theta=0.25$	$\theta=0.5$	$\theta=0.75$
$\gamma=2$	1.36	1.10	0.87	0.68
$\gamma=3$	2.93	2.02	1.36	0.87
$\gamma=4$	6.09	3.52	2.02	1.10
$\gamma=5$	12.90	6.09	2.93	1.36
$\gamma=6$	28.53	10.65	4.22	1.66

由表 7-3 可知，当 $\gamma>4$ 时，不考虑习惯形成因素（$\theta=0$）时的 rp 快速上升，$\gamma=6$ 时，股权溢价水平达到

① 由于本章的消费增长率和标准差参数是基于 Mehra & Prescott（1985）的实证结果，故无风险利率和股权溢价的估计值与 Martin（2013）的估算结果存在一定差异。

28.53%，远远大于 Mehra & Prescott（1985）统计的股权溢价水平 6.18%。在考虑习惯形成因素的情况下，如当 $\theta=0.25$ 或者 $\theta=0.5$、$\gamma=6$ 时，股权溢价水平分别仅为 10.65%、4.22%，解释效果明显好于不考费习惯形成时的情况。由于 rp 是 θ 的增函数，则当 $\theta=0.5$ 或者 $\theta=0.75$ 时，也能够对更大的 γ 值有很好的解释作用。

相对风险厌恶系数反映了投资者对风险厌恶的程度，风险厌恶程度的大小对资产价格与储蓄率均会产生影响。根据 Barro & Sala－I－Martin（2004）的观点，认为储蓄率较高的国家的相对风险厌恶系数大于 4，储蓄率较低的国家小于 2。根据这种划分，高储蓄率国家所对应的 γ 较大，不考虑习惯形成的定价模型并不能很好的解释该类国家真实的无风险利率与股权溢价，而考虑习惯形成因素的资产定价模型却能够提供较好的解释。

参考 Barro（2006）统计的 1954—2004 年 7 个主要发达国家的真实股票收益率与真实债券收益率的均值数据，列表如表 7－4 所示。

表 7－4　7 国真实股票收益率、真实债券收益率与股权溢价（%）

	真实股票收益率	真实债券收益率	股权溢价
加拿大	0.074（0.165）	0.024（0.024）	0.050（0.168）
法国	0.091（0.254）	0.019（0.029）	0.072（0.252）
德国	0.098（0.261）	0.018（0.015）	0.080（0.260）
意大利	0.067（0.283）	0.016（0.034）	0.051（0.279）
日本	0.095（0.262）	0.012（0.037）	0.083（0.253）
英国	0.097（0.242）	0.018（0.033）	0.079（0.250）
美国	0.089（0.180）	0.014（0.021）	0.076（0.175）
均值	0.087（0.235）	0.017（0.028）	0.070（0.234）

注：括号内为标准差。真实股票收益率代表本章的资产预期收益率 er，真实债券收益率代表无风险利率 r_f，股权溢价等于资产的预期收益率与无风险资产收益率之差，即 $rp=er-r_f$。真实股票收益率与真实债券收益率等于每年的相应名义值与消费者价格指数相除。

以 7 国的均值数据为例，可以分别推导出习惯形成与相对风险厌恶系数之间的函数关系[①]。由表 7－4 可知，7 国无风险利率的均值为 1.7%，代入表达式（7－7）即可获得相对风险厌恶系数 γ 与变量 θ 之间的函数关系：$-\theta+(\theta-1)\gamma=-3.89$；其中，$-3.89$ 为无风险利率取 1.7% 时所对应的 χ 值；同样，7 国股权溢价的均值为 7.0%，代入表达式（7－8）即可获得相对风险厌恶系数 γ 与变量 θ 之间的函数关系：$-\theta+(\theta-1)\gamma=-4.26$；其中，$-4.26$ 为股权溢价取 7.0% 时所对应的 χ 值。

由上述方程得出，当 $\gamma=4$ 时，要达到无风险利率为 1.7% 的水平时所对应的 θ 值为 0.037，说明通过调整习惯形成的影响程度，能够更精确地解释无风险利率的真实水平。同样，由股权溢价均值得到的函数关系可知，γ 关于 θ 是递增的，当 $\theta=0$ 时，γ 取得最小值 4.26，这说明较低的相对风险厌恶系数不能够完全解释 7.0% 的股权溢价水平，也说明投资者风险厌恶程度越高，所要求的股权溢价水平才会越高。

7.5.2　灾难相关参数的敏感性分析

本小节分析在灾难相关参数 ω、b、s 出现变动的情况下习惯形成对无风险利率、股权溢价与股利价格比的影响。对模型进行数值模拟，可得本章结论 3。

结论 3　习惯形成因素能够平滑灾难发生频率及严重程度对无风险利率、股权溢价与股利价格比的影响，有效降低

---

① 其目的是说明在 CGF 的框架下可以寻找出习惯形成与相对风险厌恶系数的函数关系，即通过这样一种渠道解释无风险利率之谜和股权溢价之谜。当然，若以单一的国家为例，也同样可以计算出该国习惯形成与相关风险厌恶系数之间的函数关系，不同的国家对应不同的函数关系表达式，也意味着不同国家具有不同的习惯形成特征。

了模型对灾难相关参数设定的敏感性，并且使灾难风险框架下的资产价格的可预测性大大增强。而在不考虑习惯形成（$\theta=0$）时的极端情形下，参数的敏感度极高，资产价格往往是难以被预期的。

下面考察灾难的相关参数 ω、b、s 上下浮动 5 个百分点引起的无风险利率、股权溢价和股利价格比的变化情况。根据公式（7－7），表 7－5 给出了 θ 不同取值下的无风险利率 r_f 的模拟结果。

表 7－5　　无风险利率的敏感性分析

	ω	b	s	r_f（%）			
				$\theta=0$	$\theta=0.25$	$\theta=0.5$	$\theta=0.75$
基准值	**0.017**	**0.39**	**0.25**	**－3.47**	**0.47**	**2.32**	**2.95**
较高的 ω	**0.022**	0.39	0.25	－6.90	－1.50	1.20	2.36
较低的 ω	**0.012**	0.39	0.25	－0.05	2.44	3.43	3.54
较高的 b	0.017	**0.44**	0.25	－6.43	－1.02	1.59	2.61
较低的 b	0.017	**0.34**	0.25	－1.06	1.73	2.96	3.26
较高的 s	0.017	0.39	**0.30**	－6.76	－0.85	1.82	2.79
较低的 s	0.017	0.39	**0.20**	－1.28	1.41	2.69	3.08

注：其中，选取 $\gamma=4$①。

表 7－5 分析了基准参数在习惯形成的作用下对无风险利率 r_f 的影响。第二行表示参数取基准值时的无风险利率 r_f。纵向来看，$\theta=0$ 时所对应的 r_f 在基准参数变动的情况下波动非常大，没有明显的特征，且全部为负值。然而，当 $\theta=0.25$、0.5、0.75 时，r_f 值逐渐增大，且多数为正，并且随

① 文中仅以 $\gamma=4$ 为例，$\gamma=5$、6 甚至更高时，仍满足该特征；同时，γ 值越大，所对应的无风险利率越低、股权溢价越高，也就更能显示出习惯形成对无风险利率和股权溢价的解释作用。

着 θ 值的增大，参数 ω、b、s 的波动对 r_f 的影响逐渐减小，即 γ_f 的波动区间在不断缩小，说明习惯形成平滑了灾难发生频率及严重程度对 r_f 的影响，提升了灾难风险框架下无风险利率的可预测性。

根据公式（7－8），表7－6给出了 θ 不同取值下的股权溢价 rp 的模拟结果。

表7－6　股权溢价的敏感性分析

	ω	b	s	rp（%）			
				$\theta=0$	$\theta=0.25$	$\theta=0.5$	$\theta=0.75$
基准值	0.017	0.39	0.25	6.09	3.52	2.02	1.10
较高的 ω	0.022	0.39	0.25	7.73	4.43	2.51	1.35
较低的 ω	0.012	0.39	0.25	4.45	2.61	1.52	0.84
较高的 b	0.017	0.44	0.25	7.81	4.37	2.43	1.29
较低的 b	0.017	0.34	0.25	4.74	2.83	1.67	0.93
较高的 s	0.017	0.39	0.30	8.43	4.50	2.42	1.26
较低的 s	0.017	0.39	0.20	4.58	2.83	1.71	0.91

表7－6分析了基准参数在习惯形成的作用下对股权溢价 rp 的影响。纵向来看，随着 θ 的增大 rp 的波动幅度也在逐渐减小，说明习惯形成也明显减缓了灾难对股权溢价的冲击。这点与对无风险利率的影响是类似的。不同的是，基准参数的变动并不影响 rp 关于 θ 的单调性，即 rp 是 θ 的减函数，而 r_f 与习惯形成之间并不具有单调性的关系，这说明 rp 对习惯形成的敏感性要高于 r_f。

根据公式（7－6），表7－7给出了 θ 不同取值下的股利价格比 d/p 的模拟结果。

表 7－7 股利价格比的敏感性分析

	ω	b	s	d/p（%）			
				$\theta=0$	$\theta=0.25$	$\theta=0.5$	$\theta=0.75$
基准值	0.017	0.39	0.25	1.26	2.63	2.98	2.70
较高的 ω	0.022	0.39	0.25	－0.37	1.72	2.52	2.51
较低的 ω	0.012	0.39	0.25	2.89	3.54	3.44	2.88
较高的 b	0.017	0.44	0.25	0.09	2.06	2.73	2.61
较低的 b	0.017	0.34	0.25	2.27	3.14	3.22	2.78
较高的 s	0.017	0.39	0.30	0.30	2.29	2.88	2.68
较低的 s	0.017	0.39	0.20	1.96	2.90	3.06	2.71

注：其中，令 $\lambda=1$，此时 $d/p=c/w$，c 代表消费量，w 代表投资者的财富数量。

表 7－7 分析了基准参数在习惯形成的作用下对股利价格比 d/p 的影响。显然，随着 θ 值的增大，基准参数的变动对 d/p 的影响在逐渐减小，即习惯形成对 d/p 也有显著的平滑作用，这点与 rp、r_f 类似。与 rp 不同的是，无论基准参数是否变动，d/p 关于 θ 也不具有单调性，且参数 ω、b、s 的波动在习惯形成的作用下并未导致 d/p 出现较大的变化，这说明习惯形成对 d/p 的影响要弱于 rp、r_f。

通过以上对资产价格相关变量的敏感性分析可以发现，习惯形成明显削弱了基准参数的变动对无风险利率、股权溢价与股利价格比的影响，且习惯形成对股权溢价的影响最大，无风险利率次之，股利价格比最小。而且，由于习惯形成因素的存在，使得资产价格在灾难风险的框架下的可预测性大大增强。

7.5.3 习惯形成对高阶矩信息的影响

利用 CGF 的特有性质，下面分析习惯形成对无风险利率、股权溢价与股利价格比的高阶矩信息的影响。对模型进行数值模拟，可得本章的结论4。

结论4 随着习惯形成因素影响的增加，高阶矩信息对资产价格的影响逐渐减小，习惯形成因素能够明显改善无风险利率、股权溢价与股利价格比的近似效果。当习惯形成影响程度较低时，高阶矩（四阶矩以上）信息仍然对资产定价有重要的现实意义。

表7-8、表7-9和表7-10分别对模型进行一阶、二阶至无穷阶近似。其中，一阶近似代表仅考虑变量的一阶矩，即变量的均值，二阶近似代表考虑变量的均值与方差，三阶近似代表考虑变量的均值、方差与偏度，依次类推。

根据公式（7-7），表7-8给出了 θ 不同取值下的无风险利率 r_f 的高阶矩信息。

表7-8 无风险利率的高阶矩近似（%）

阶数	近似程度	r_f			
		$\theta=0$	$\theta=0.25$	$\theta=0.5$	$\theta=0.75$
1	仅考虑均值	6.55	5.70	4.84	3.99
2	近似到方差	2.59	3.08	3.30	3.23
3	近似到偏度	0.19	1.80	2.71	3.03
4	近似到峰度	-1.48	1.07	2.46	2.97
5		-2.48	0.72	2.36	2.95
∞	真实值	-3.47	0.47	2.32	2.95

表7-8的第二行为一阶近似，此时 r_f 值随着 θ 值的增加逐渐递减，且 θ 值越大，r_f 越趋近于真实值，说明习惯形成因素能够在一定程度上减小 r_f 的预测误差。显然，一阶近似值距各自的真实值仍有较大差距，说明高阶矩信息对无风险利率仍有很大影响。第三行至第七行考虑多阶近似的情况，从纵向看，$\theta=0$ 时 r_f 近似速率最快，且随着 θ 值的增大近似速率逐渐放缓。同时，随着 θ 值的增大 r_f 的近似值距

各自真实值的差不断减小，说明 θ 值较大时 r_f 的近似效果会更好，即习惯形成因素能够在一定程度上提升 r_f 的近似精确度。另外，当习惯形成程度较低时（如 $\theta=0.25$），四阶矩近似值距真实值有一定的差距，说明高阶矩（四阶矩以上）信息对无风险利率的估算仍有一定的现实意义。

根据公式（7－8），表 7－9 给出了 θ 不同取值下的股权溢价 rp 的高阶矩信息。

表 7－9　股权溢价的高阶矩近似（%）

阶数	近似程度	rp			
		$\theta=0$	$\theta=0.25$	$\theta=0.5$	$\theta=0.75$
1	仅考虑均值	0.00	0.00	0.00	0.00
2	近似到方差	1.98	1.61	1.24	0.87
3	近似到偏度	3.33	2.43	1.66	1.01
4	近似到峰度	4.48	3.00	1.89	1.08
5		5.24	3.30	1.98	1.09
∞	真实值	6.09	3.52	2.02	1.10

由表 7－9 可知，第二行显示股权溢价 rp 在仅考虑一阶矩的情况下均为零，说明市场在无风险的情况下没有溢价，与事实相符。从纵向看，对于任意的 θ 值，rp 的二阶近似值距真实值的差明显小于 r_f 的对应值，说明 rp 的近似效果要好于 r_f。与 r_f 类似的是，θ 越大，rp 的近似效果越好，如 $\theta=0.5$、0.75 时，r_f 的五阶近似值距真实值的差分别为 0.03、0.01，远小于 $\theta=0$、$\theta=0.25$ 时的 0.85、0.22；同样，当习惯形成程度较低时，四阶矩近似值与真实值存在较大差距，说明高阶矩信息对股权溢价的估算也有重要的意义。

根据公式（7－6），表 7－10 给出了 θ 不同取值下的股

利价格比 d/p 的高阶矩信息。

表 7-10　　股利价格比的高阶矩近似（%）

阶数	近似程度	d/p			
		$\theta=0$	$\theta=0.25$	$\theta=0.5$	$\theta=0.75$
1	仅考虑均值	5.41	4.56	3.71	2.85
2	近似到方差	3.19	3.31	3.15	2.71
3	近似到偏度	2.17	2.88	3.02	2.70
4	近似到峰度	1.64	2.71	2.99	2.70
5		1.40	2.65	2.98	2.70
∞	真实值	1.26	2.63	2.98	2.70

由表 7-10 可知，从横向看，d/p 关于 θ 也不具有显著的单调性，这点与 r_f 类似。从纵向看，股利价格比 d/p 的一阶近似值距真实值的差明显小于 r_f 的相应值，多阶近似值距真实值的差也明显小于 r_f 与 rp，说明 d/p 的近似效果要好于 r_f 与 rp。与 r_f、rp 类似的是，θ 值越大，d/p 的近似效果越好，如 $\theta=0.5$、$\theta=0.75$ 时，d/p 的四阶近似值距真实值的差仅为 0.01、0，也远小于 $\theta=0$、$\theta=0.25$ 时的 0.38、0.08，说明习惯形成程度较高时四阶矩以上的信息对 d/p 几乎不产生影响；当习惯形成程度较低时，高阶矩信息对股利价格比的影响要小于对无风险利率和股权溢价的影响，其对股利价格比估算的意义相对较小。

7.5.4 基于中国数据的实证检验

在原有模型的基础上，下面对中国金融市场的股权溢价特征进行实证检验。本节分为两部分：一是对相关参数进行校准；二是在参数赋值的基础上，对我国股权溢价水平进行数值分析。

（1）参数的校准

①灾难发生的概率 ω 以及与灾难相关的参数 Y_i 的均值 b 和标准差 s。本章仍根据 Barro（2006）的估算方法，以我国 1952—2012 年间的年度人均实际 GDP 数据为标的估算我国灾难发生概率的参数值。参考第 3 章的计算结果，可推算出 60 年间我国灾难发生的次数为 3 次，故可得灾难发生的概率为 0.05。同时，取参数 b 为这 3 年人均实际 GDP 增长率的均值的相反数 0.1457。由于我国消费数据的时间序列较短，且平稳性较差，故参数 s 的取值仍采用 Barro（2006）的估计值 0.25。

②消费增长率的均值 μ 与标准差 σ_B。基于数据的可得性以及我国消费数据序列不具备美国相关数据的时间长度，故本章采用 1990—2012 年间社会商品零售总额的月度数据估算人均消费增长率的相关参数，可得我国人均消费增长率的均值 μ 为 0.1317，标准差 σ_B 为 0.0802。

③时间偏好 ρ 与相关风险规避系数 γ。时间偏好 ρ 采用 1978—2012 年的物价水平进行校准。根据国家统计局公布的年度居民消费价格指数，可估算出 1978—2012 年间物价水平平均上升约 5%，故可得主观贴现率为 95%，取其倒数的对数即为时间偏好 ρ，约等于 0.05。

关于相关风险规避系数 γ 的测算，国内相关研究文献的取值分歧相对较大。因此，本章选取资产定价领域较为公认的一般取值范围，即 γ 的取值在［2，10］之间。

④习惯形成参数 θ。关于估算我国居民消费的习惯形成程度的相关实证研究较多，且分歧较大。贾男等（2011）利用 1989—2006 年中国家庭消费的微观数据估计了城镇居民在食品消费方面的习惯形成参数为 0.23；杭斌（2010）对中国城镇居民的习惯形成参数的估计值为 0.44；雷钦礼（2009）使用 1980—2006 年中国农住调查数据估计得到的

习惯形成参数为0.45；Chen等（2012）的实证估计结果显示，中国居民的习惯形成参数可能高达0.61至0.64；基于上述文献，本节将习惯形成参数θ的取值范围设定为0~0.6。

表7-11　参数校准结果（2）

变量	ω	b	s	μ	σ_B	ρ	γ	θ
参数值	0.05	0.1457	0.25	0.1317	0.0802	0.05	2~10	0~0.6

（2）数值分析

由于国内文献对相对风险厌恶系数与习惯形成参数的校准存在较大分歧，故本节在一个较为宽泛的范围内对其进行赋值。根据参数校准结果，可以估算出我国的股权溢价水平，具体结果见表7-12。

表7-12　我国股权溢价水平估计结果（%）

相对风险厌恶系数	rp			
	$\theta=0$	$\theta=0.2$	$\theta=0.4$	$\theta=0.6$
$\gamma=2$	2.36	2.08	1.81	1.55
$\gamma=4$	6.54	4.93	3.67	2.66
$\gamma=6$	17.61	10.54	6.54	4.06
$\gamma=8$	59.01	24.60	11.63	5.95
$\gamma=10$	261.22	67.62	21.95	8.68

由表7-12可以看出，不考虑习惯形成时，我国股权溢价水平对于相对风险厌恶系数的变动敏感性极高，当考虑习惯形成时，敏感度出现显著下降，这一点与美国的情况基本一致。如当$\theta=0$、$\gamma=2$时，股权溢价仅为2.36%；当$\theta=0$、$\gamma=10$时，股权溢价水平达到261.22%。然而，当$\theta=0.4$、$\gamma=2$时，股权溢价为1.81%，同样考虑$\gamma=10$时，股权溢价水平仅上升至21.95%。显然，随着习惯形成因素的上升，股权溢价出现较为明显的下降，且随着相对风险厌恶系

数的上升，其上涨速率也在不断减弱，这体现出习惯形成因素仍然能够削弱股权溢价对于相对风险厌恶系数的敏感性，提升灾难定价模型的解释力。

根据陈国进等（2014）的估算结果，我国股权溢价水平约为6.3%，这意味着当我国习惯形成参数为0.2或0.4时的相对风险厌恶系数值在4—6之间，该值处在资产定价领域关于相对风险厌恶系数的较为合理的设定区间，这说明包含习惯形成的灾难定价模型对我国金融市场也同样具有较好的解释力①。

7.6 研究结论

本章首先推导出一类习惯形成与巨灾风险因素共同作用下的资本资产定价模型，旨在分析习惯形成在灾难风险理论的框架下对无风险利率、股权溢价与股利价格比的影响，同时探讨巨灾风险对我国资本市场的解释作用。该模型扩展了Martin（2013）关于巨灾风险与资产定价的相关结论，能够在更广泛的意义上解释资本市场的典型事实。

其次，我们对基础模型进行了拓展，放松消费习惯增长率与消费增长率相等的假设，同时将研究对象从单一金融资产拓展至两类资产，推导出一类更为一般化的资产定价模型。

---

① 由于我国利率市场化尚未完善，无风险利率定价机制并不成熟，本节暂不对无风险利率水平进行估算。

最后，运用基础模型从三个方面分别分析了习惯形成对资产价格的影响：①在基准参数不变的情况下，考察了习惯形成的变化所引起的相对风险厌恶系数与资产价格相关变量对应关系的变动，并分别建立了习惯形成与相对风险厌恶系数之间的函数关系。模拟结果显示，习惯因素能够明显减弱资产价格对于相对风险厌恶系数设定的敏感性，且能够在更广泛的意义上解释无风险利率之谜与股权溢价之谜。②在基准参数（灾难模型的相关参数）出现变动的情况下，分析习惯形成因素对资产价格的作用。模拟结果显示，习惯形成能够平滑灾难发生的频率及严重程度对股利价格比、无风险利率与股权溢价的影响，明显削弱了模型对灾难风险参数设定的敏感性，并且使得灾难风险框架下资产价格的可预测性大大增强。而在不考虑习惯形成的极端情形下，参数的敏感度极高，资产价格往往是难以被预期的。③利用 CGF 特有的性质，分析习惯形成的变动对资产价格高阶矩近似的影响。模拟结果显示，随着习惯形成因素影响的上升，高阶矩信息对资产定价的影响逐渐减小，说明习惯形成能够明显改善资产价格高阶矩近似的效果。同时发现，当习惯形成程度较低时，高阶矩信息对资产定价仍有重要的现实意义。进一步，本章考察了该模型在中国金融市场中的适用性，研究发现，灾难定价模型能够解释我国的股权溢价特征，且习惯形成因素同样能够提升模型对中国金融市场的解释力。

参考文献

[1] Barro, R. J. Rare Disasters and Asset Markets in the Twentieth Century [J]. Quarterly Journal of Economics, 2006, 121 (3): 823 – 866.

[2] Barro R J, Sala – I – Martin X. Economic Growth [J]. MIT Press: Cambridge, MA. 2004.

[3] Baxter M., King R. G. Fiscal policy in general equilibrium [J]. American Economic Review, 1993, 83 (3): 315 – 334.

[4] Bernanke B. S., Gertler M., Watson M. W., Oil Shocks and Aggregate Macroeconomic Behavior: The Role of Monetary Policy [J]. University of California at San Diego Economics, Working Paper, 2001, 36 (2): 287 – 291.

[5] Brannen, T. R. Economic Aspects of the Waco, Texas Disaster of May 11, 1953 [R]. Department of Sociology, University of Texas, Austin, Texas, Research Report, 1954.

[6] Brede M. Disaster risk in a New Keynesian model [J]. Sfb Discussion Papers, 2013.

[7] Bruno M, Sachs J. Input Price Shocks and the Slowdown in Economic Growth: The Case of U. K. Manufacturing, Social Science Electronic Publishing, 1982, 49 (4): 679 – 705.

[8] Calvo G. A. Staggered prices in a utility – maximizing

framework [J]. Journal of Monetary Economics, 1983, 12 (3): 383 -398.

[9] Carter, D. A., Simkins B. J. The Market's Reaction to Unexpected, Catastrophic Events: the Case of Airline Stock Returns and the September 11th Attacks [J]. The Quarterly Review of Economics and Finance, 2004, 44: 539 -558.

[10] Chang, S. Disasters and Fiscal Policy: Hurricane Impact on Municipal Revenue [J]. Urban Affairs Quarterly, 1983, 18 (4): 511 -523.

[11] Chen C., G. Chen and S. Yao. Do Imports Crowd out Domestic Consumption? A Comparative Study of China, Japan and Korea [J]. China Economic Review, 2012, 23 (4): 1036 -1050.

[12] Chen, H., Joslin S., Tran N K. Rare Disasters and Risk Sharing with Heterogeneous Beliefs [J]. Review of Financial Studies, 2011, 25 (7): 2189 -2224.

[13] Clark G. L. Interregional sequential interindustry modeling: a preliminary analysis of regional growth and decline in a two region case [J]. Northeast Regional Science Review, 1977 (7): 87 -101.

[14] Cochrane H. C. Predicting the Economic Impact of Earthquakes [R]. Social Science Perspectives on the Coming San Francisco Earthquake, Natural Hazards Research Paper, 1974 (25).

[15] Cochrane H. C., Harold C. Enowledge of private loss and the efficienty of protection, presented at the conference on the economics of natural hazards and their mitigation, December [R]. University of Folrida, 1984.

[16] Du L., He Y., Wei C., et al. The relationship be-

tween oil price shocks and China's macro – economy: An empirical analysis [J]. Energy Policy, 38 (8): 4142 – 4151.

[17] Faria J. R., Mollick A. V, Albuquerque P. H, et al. The effect of oil price on China's exports [J]. China Economic Review, 2009, 20 (4): 793 – 805.

[18] Finocchiaro D., Heideken V. Q. V. Do Central Banks React to House Prices? [J]. Journal of Money, Credit and Banking, 2013, 45 (8): 1659 – 1683.

[19] Forni L, Pisani M. Fiscal Policy in an Open Economy: Estimates for the Euro Area [J]. IMF mimeo, 2012.

[20] Gabaix, X. Variable Rare Disasters: An Exactly Solved Framework for Ten Puzzles in Macro – Finance [J]. The Quarterly Journal of Economics, 2012, 127 (2): 645 – 700.

[21] Gourio F. Disaster Risk and Business Cycles [J]. American Economic Review, 2012, 102 (6): 2734 – 2766.

[22] Gourio F., Siemer M., Verdelhan A. International risk cycles [J]. Social Science Electronic Publishing, 2013, 89 (2): 471 – 484.

[23] Haltiwanger J. Sectoral Job Creation and Destruction Responses to Oil Price Changes and Other Shocks [J]. Journal of Monetary Economics, 2001, 48 (3): 465 – 512.

[24] Hamilton, J. Oil price and Macro Economy Since World II [J]. Journal of Political economy, 1983 (91): 228 – 248.

[25] Hamilton J. D. What is an oil shock? [J]. Journal of Econometrics, 2003, 113 (2): 363 – 398.

[26] Hamilton J. D. Causes and consequences of the oil shock of 2007 – 08 [J]. Brookings Papers on Economic Activity, 2009 (1): 215 – 283.

[27] Hansen, G. D. Indivisible Labor and the Business Cycle [J]. Journal of monetary Economics, 1985, 16 (3): 309 - 327.

[28] Hirshleifer, J. Disasters and Recovery: The Black Death in Western Europe [M]. The RAND Corporation MEMORANDUM RM - 4700 - TAB, 1966.

[29] Ireland P. N. Endogenous money or sticky prices? [J]. Journal of Monetary Economics, 2001, 50 (8): 1623 - 1648.

[30] Khan H., Tsoukalas J. Investment shocks and the comovement problem [J]. Journal of Economic Dynamics & Control, 2011, 35 (1): 115 - 130.

[31] Khan S., Hanjra M. A., Mu J. Water management and crop production for food security in China: A review [J]. Agricultural Water Management, 2009, 96 (3): 349 - 360.

[32] Kilian L. The Economic Effects of Energy Price Shocks [J]. Journal of Economic Literature, 2010, 46 (4): 871 - 909.

[33] Kunreuther, H., Fiore E S. The Alaska Earthquake: a Case Study in the Economics of Disaster [M]. Institute for Defense Analysis, Washington, D. C., 1966.

[34] Kydland, F., Prescott E. Time to Build and Aggregate Fluctuations [J]. Econometrica, 1982, 50 (6), 1345 - 1370.

[35] Leeper E. M., Plante M., Traum N. Dynamics of fiscal financing in the United States [J]. Journal of Econometrics, 2010, 156 (2): 304 - 321.

[36] Maillet, B. B. and T. L. Michel. The Impact of the 9/11 Events on the American and French Stock Markets [J]. Review of International Economics, 2005, 13 (3): 597 - 611.

[37] Peskin, Hentry M. Protecting Industrial Resources against Nuclear Attack [M]. Arlington, Virginina: Institute for Defense Analyses, 1965.

[38] Rietz, T. A. The Equity Risk Premium: a Solution [J]. Journal of Monetary Economics, 1988, 22 (1): 117 – 131.

[39] Robert H. Rasche, John A. Tatom. Energy price shocks, aggregate supply and monetary policy: The theory and the international evidence [J]. Brazilian Journal of Chemical Engineering, 1981, 29 (2): 371 – 384.

[40] Segal P. Why do Oil Price Shocks No Longer Shock? [M]. Oxford Institute for Energy Studies, Working Paper, 2007, 35.

[41] Siddhartha B., Indraneel C., Rong H. Income Inequality, Tax Policy, and Economic Growth [J]. The Economic Journal, 2017, 127 (601): 688 – 727.

[42] Smets F., Wouters R. Shocks and Frictions in US Business Cycles: A Bayesian DSGE Approach [J]. Social Science Electronic Publishing, 2007, 97 (3): 586 – 606.

[43] Wachter, J. A. Can Time – Varying Risk of Rare Disasters Explain Aggregate Stock Market Volatility? [J]. The Journal of Finance, 2013 (3): 987 – 1035.

[44] West, C. T., Lenze D G. Modeling the Regional Impact of Natural Disaster and Recovery: A General Framework and an Application to Hurricane Andrew [J]. International Regional Science Review, 1994, 17 (2): 121 – 150.

[45] Zhang W. China's monetary policy: Quantity versus price rules [J]. Journal of Macroeconomics, 2009, 31 (3): 473 – 484.

[46] 卞志村，杨源源．结构性财政调控与新常态下财

政工具选择［J］. 经济研究，2016，51（3）：66－80.

［47］蔡昉，王美艳．“非典”疫情对我国就业的影响［J］. 中国社会科学院研究生院学报，2003.

［48］曹飞．石油价格冲击与中国实际经济波动研究——基于开放 RBC 模型的分析［J］. 中国管理科学，2015，23（7）.

［49］陈昌兵．可变折旧率估计及资本存量测算［J］. 经济研究，2014（12）：72－85.

［50］陈国进，晁江锋，武晓利等．罕见灾难风险和中国宏观经济波动［J］. 经济研究，2014（8）：54－66.

［51］陈国进，黄伟斌，Tribhuvan Puri. 宏观长期风险与资产价格：国际比较与中国经验［J］. 世界经济，2014（6）.

［52］陈昆亭，龚六堂．粘滞价格模型以及对中国经济的数值模拟——对基本 RBC 模型的改进［J］. 数量经济技术经济研究，2006（8）：106－117.

［53］陈文玲．论实物经济、虚拟经济与泡沫经济——从崭新的视角看东南亚金融危机与中国的宏观经济运行［J］. 管理世界，1998.

［54］陈晓光，张宇麟．信贷约束、政府消费与中国实际经济周期［J］. 经济研究，2010，45（12）：48－59.

［55］陈学彬，杨凌，方松．货币政策效应的微观基础研究——我国居民消费储蓄行为的实证分析［J］. 复旦学报（社会科学版），2005（1）：42－54.

［56］陈彦斌，霍震，陈军．灾难风险与中国城镇居民财产分布［J］. 经济研究，2009（11）：144－158.

［57］陈益民．论东南亚金融危机的特征，成因及借鉴［J］. 世界经济研究，1998（1）：30－34.

［58］董维明，冯根福．国家审计在防范区域金融风险中的作用研究［J］. 审计研究，2015（6）：13－18.

［59］盖兆军．日本福岛核泄漏的影响和事件前后能源结构的变化［J］．中国人口·资源与环境（S1），2015：296－299．

［60］高东胜．国际石油价格波动对我国通货膨胀的冲击效应［J］．上海经济研究，2011（5）：52－59．

［61］葛尧．成本粘性对企业绩效的影响研究——来自我国上市公司的经验证据［J］．价格理论与实践，2017（6）．

［62］耿贵珍，王慧彦．基于POT－GPD模型的地震巨灾损失分布研究［J］．自然灾害学报，2016，25（3）．

［63］苟文均，袁鹰，漆鑫，债务杠杆与系统性风险传染机制——基于CCA模型的分析［J］．金融研究，2016（3）：74－91．

［64］韩立岩，甄贞，蔡立新．国际油价的长短期影响因素［J］．中国管理科学，2017，25（8）：68－78．

［65］杭斌．城镇居民的平均消费倾向为何持续下降——基于消费习惯形成的实证分析［J］．数量经济技术经济研究，2010（6）．

［66］贺茉莉，孙玉妮．国际石油冲击对中国经济的影响——基于国内油价滞后调整框架下的研究［J］．南方经济，2008（2）：41－54．

［67］侯成琪，龚六堂．部门价格黏性的异质性与货币政策的传导［J］．世界经济，2014，37（7）：23－44．

［68］胡永刚，郭新强．内生增长、政府生产性支出与中国居民消费［J］．经济研究，2012（9）：57－71．

［69］黄小涛．汶川大地震对中国房地产市场的影响［J］．城市建设，2010（22）：43－44．

［70］黄勇峰，任若恩．中国制造业资本存量永续盘存法估计［J］．经济学：季刊，2002（1）：377－396．

［71］黄赜琳．中国经济周期特征与财政政策效应——

一个基于三部门 RBC 模型的实证分析 [J]. 经济研究, 2005 (6): 27 - 39.

[72] 纪敏, 严宝玉, 李宏瑾. 杠杆率结构、水平和金融稳定——理论分析框架和中国经验 [J]. 金融研究, 2017 (2): 11 - 25.

[73] 贾俊雪. 中国税收收入规模变化的规则性、政策态势及其稳定效应 [J]. 经济研究, 2012, 47 (11): 103 - 117.

[74] 雷钦礼. 财富积累, 习惯, 偏好改变, 不确定性与家庭消费决策 [J]. 经济学 (季刊), 2009 (2).

[75] 李春吉, 范从来, 孟晓宏. 中国货币经济波动分析: 基于垄断竞争动态一般均衡模型的估计 [J]. 世界经济, 2010 (7): 96 - 120.

[76] 李春吉, 孟晓宏. 中国经济波动: 基于新凯恩斯主义垄断竞争模型的分析 [J]. 经济研究, 2006 (10): 72 - 82.

[77] 李骥, 陆玉. 如何看待"非典"疫情对国内经济的影响 [J]. 改革与开放, 2003 (6): 9 - 10.

[78] 李林, 段迎君. 多元化农业自然灾害补偿机制分析 [J]. 农村经济, 2013 (4): 70 - 73.

[79] 李永, 范蓓, 刘鹍. 多事件触发巨灾债券设计与定价研究: 以中国台风债券为例 [J]. 中国软科学, 2012 (3): 41 - 48.

[80] 李治国, 郭景刚. 国际原油价格波动对我国宏观经济的传导与影响——基于 SVAR 模型的实证分析 [J]. 经济经纬, 2013 (4).

[81] 林毅夫. 东南亚金融危机的经验教训与我国的产业发展政策 [J]. 经济科学, 1998 (2): 5 - 8.

[82] 刘斌. 动态宏观经济一般均衡模型入门 [M]. 北京: 中国金融出版社, 2015.

[83] 刘庆富, 周程远. 中国股票市场的非对称效应研

究 [J]. 系统工程学报, 2012, 27 (5): 648 - 655.

[84] 柳明, 宋潇. 石油价格波动对中国宏观经济的影响——基于 DSGE 模型的分析 [J]. 南开经济研究, 2013 (6).

[85] 娄峰, 张涛. 中国粮食价格变动的传导机制研究——基于动态随机一般均衡 (DSGE) 模型的实证分析 [J]. 数量经济技术经济研究, 2012 (7): 92 - 103.

[86] 陆旸. 成本冲击与价格粘性的非对称性——来自中国微观制造业企业的证据 [J]. 经济学: 季刊, 2015, 14 (1): 623 - 650.

[87] 罗平. 国际石油价格变动对中国经济的影响研究——基于 CGE 模型的分析 [J]. 经济问题探索, 2015 (2).

[88] 马登科, 张昕. 国际石油价格波动研究: 1861 ~ 2009 年——基于汇率制度选择视角 [J]. 郑州航空工业管理学院学报, 2010 (2): 95 - 99.

[89] 马建堂, 董小君, 时红秀等. 中国的杠杆率与系统性金融风险防范 [J]. 财贸经济, 2016, 37 (1): 5 - 21.

[90] 马卫锋, 赵冰洁. 国际油价波动与中国经济非对称关系的实证研究 [J]. 资源科学, 2014, 36 (7).

[91] 马文涛, 魏福成. 基于新凯恩斯动态随机一般均衡模型的季度产出缺口测度 [J]. 管理世界, 2011 (5): 39 - 65.

[92] 马宗刚, 邹新月, 马超群. 双随机复合泊松损失下巨灾债券定价与数值模拟 [J]. 中国管理科学, 2016, 24 (10).

[93] 毛锐, 刘楠楠, 刘蓉. 地方政府债务扩张与系统性金融风险的触发机制 [J]. 中国工业经济, 2018 (4): 19 - 38.

[94] 莫荣，陈云，鲍春雷，等．新冠疫情与非典疫情，国际金融危机对就业的影响与对策比较分析 [J]．中国劳动，2020 (1)．

[95] 皮光林，董秀成．当前国际原油价格暴跌原因及对策研究 [J]．价格理论与实践，2014 (12)．

[96] 齐志强，张干，齐建国．进入 WTO 前后中国制造业部门结构演变研究——基于制造业部门与工业整体经济增长的灰色关联度分析 [J]．数量经济技术经济研究，2011 (2)：52-63.

[97] 曲琦，郭步超．价格型与数量型货币政策工具比较——基于包含时变通胀目标的 DSGE 模型 [J]．技术经济，2013，32 (12)：96-103.

[98] 渠慎宁，吴利学，夏杰长．中国居民消费价格波动：价格粘性、定价模式及其政策含义 [J]．经济研究，2012 (11)：89-103.

[99] 任若恩．“非典”疫情对2003年中国经济的影响 [J]．经济界，2003 (4)：19-24.

[100] 伞锋．非典疫情冲击下的中国经济 [J]．中国金融，2003 (11)：29-31.

[101] 商季光．东南亚金融危机对我国金融改革的启示 [J]．中央财经大学学报，1998 (2)：6-10.

[102] 申广军，陈斌开，杨汝岱．减税能否提振中国经济？——基于中国增值税改革的实证研究 [J]．经济研究，2016，51 (11)：70-82.

[103] 沈丽，刘媛，李文君．中国地方金融风险空间关联网络及区域传染效应：2009-2016 [J]．管理评论，2019，31 (8)：35-48.

[104] 孙宁华，江学迪．能源价格与中国宏观经济：动态模型与校准分析 [J]．南开经济研究，2012 (2)：20-32.

[105] 孙晓东，焦玥，胡劲松．基于灰色关联度和理想解法的决策方法研究 [J]. 中国管理科学，2005，13 (4)：63 - 68.

[106] 王国静，田国强．政府支出乘数 [J]. 经济研究，2014 (9)：4 - 19.

[107] 王君斌，郭新强，王宇．中国货币政策的工具选取、宏观效应与规则设计 [J]. 金融研究，2013 (8)：1 - 15.

[108] 王俊杰，仝冰．货币政策规则设定、外生冲击与中国宏观经济波动——基于动态随机一般均衡模型的分析 [J]. 当代财经，2018，403 (6)：14 - 26.

[109] 王梅梅，赵学军．应对 SARS 疫情冲击的经济政策及其启示 [J]. 经济研究参考，2020 (7).

[110] 王敏，王丹丹，王琴梅．国际石油价格波动对我国 CPI 影响研究 [J]. 价格理论与实践，2016 (12)：98 - 101.

[111] 王胜，彭鑫瑶．不对称价格粘性下的货币政策和福利效应 [J]. 世界经济，2010 (5)：101 - 117.

[112] 王文甫．价格黏性、流动性约束与中国财政政策的宏观效应——动态新凯恩斯主义视角 [J]. 管理世界，2010 (9)：21 - 35 + 197.

[113] 王燕武，王俊海．中国经济波动来源于供给还是需求——基于新凯恩斯模型的研究 [J]. 南开经济研究，2011 (1)：24 - 37.

[114] 魏伟，陈骁，张明．中国金融系统性风险：主要来源、防范路径与潜在影响 [J]. 国际经济评论，2018 (3)：125 - 150 + 7.

[115] 吴昊，龙海明．政策性农业巨灾保险市场的均衡性分析 [J]. 保险研究，2018 (7)：16 - 29.

[116] 吴振信，薛冰，王书平．基于 VAR 模型的油价

波动对我国经济影响分析［J］. 中国管理科学，2011，19（1）：21－28.

［117］武晓利，晁江锋. 财政支出结构对居民消费率影响及传导机制研究——基于三部门动态随机一般均衡模型的模拟分析［J］. 财经研究，2014，40（6）：4－15.

［118］肖明智，谢锐. 价格粘性下人民币不同升值模式对中国经济的影响研究［J］. 财经研究，2012，38（2）：112－122.

［119］熊琛，金昊. 地方政府债务风险与金融部门风险的“双螺旋”结构——基于非线性 DSGE 模型的分析［J］. 中国工业经济，2018（12）：23－41.

［120］严成樑，龚六堂. 税收政策对经济增长影响的定量评价［J］. 世界经济，2012，35（4）：41－61.

［121］杨翱，李长洪. 城乡异质性、财政支出结构与中国宏观经济波动［J］. 财贸经济，2016（7）：21－33.

［122］杨帆，赵晓，江慧琴. 中国的挑战：亚洲金融风暴后的中国［M］. 北京：石油工业出版社，1998.

［123］杨建龙. SARS 疫情对当前产业经济的影响分析［J］. 中国产业经济动态，2003（27）：1－5.

［124］杨子晖，陈雨恬，陈里璇. 极端金融风险的有效测度与非线性传染［J］. 经济研究，2019，54（5）：63－80.

［125］杨子晖，李东承. 我国银行系统性金融风险研究——基于“去一法”的应用分析［J］. 经济研究，2018，53（8）：36－51.

［126］易宪容. 地震对房地产业将造成巨大负面影响［J］. 现代工商，2008（6）：6－7.

［127］袁申国，陈平，刘兰凤. 汇率制度、金融加速器和经济波动［J］. 经济研究，2011（1）：57－70.

［128］岳希明，张斌，徐静. 中国税制的收入分配效

应测度 [J]. 中国社会科学, 2014 (6): 96 - 117 + 208.

[129] 张大永, 曹红. 国际石油价格与我国经济增长的非对称性关系研究 [J]. 经济学: 季刊, 2014 (2): 699 - 722.

[130] 张国清. 公共危机管理和政府责任——以 SARS 疫情治理为例 [J]. 管理世界, 2003 (12): 43 - 51.

[131] 张连城, 贾金思. 市场失灵与政府作为——"非典" 疫情对中国经济冲击的性质和原因分析 [J]. 经济与管理研究, 2003 (5): 67 - 71.

[132] 张军令, 魏巍贤. 国际油价和人民币汇率波动对中国经济的影响——基于全球动态一般均衡分析 [J]. 中国人口资源与环境, 2017 (S1).

[133] 张新文, 高新伟. 国际油价下跌对我国石油企业影响及其应对策略 [J]. 价格理论与实践, 2015 (12).

[134] 张瀛. 汇率制度、经济开放度与中国需求政策的有效性 [J]. 经济研究, 2008 (3): 48 - 59.

[135] 赵静梅, 申宇, 吴风云. 天灾、人祸与股价: 基于地震、群体骚乱事件的研究 [J]. 管理科学学报, 2014 (4): 19 - 33.

[136] 赵振洋. 货币政策、股票价格对企业费用粘性的影响研究——基于我国上市公司的经验分析 [J]. 价格理论与实践, 2015 (6).

[137] 中国人民银行营业管理部课题组. 预算软约束、融资溢价与杠杆率——供给侧结构性改革的微观机理与经济效应研究 [J]. 经济研究, 2017 (10): 53 - 66.

[138] 周叔莲, 方晓霞. 东南亚金融危机对中国经济发展的几点启示 [J]. 经济经纬, 1999 (3): 24 - 26.

[139] 庄子罐. 中国经济周期波动的福利成本研究——基于小概率 "严重衰退" 事件的视角 [J]. 金融研究, 2011 (4): 31 - 43.